Rottweiler

Victor Clemente

Dibujos por: Yolyanko el Habanero

HISPANO
EUROPEA

Título de la edición original:
Rottweiler

Es propiedad, 2008
© **Aqualia 03, S.L.**

© Fotografías: **Isabelle Français**
y **Bernd Brinkmann.**

© Dibujos: **Yolyanko el Habanero**

© de la edición en castellano, 2008:
Editorial Hispano Europea, S. A.
Primer de Maig, 21 - Pol. Ind. Gran Via Sud
08908 L'Hospitalet - Barcelona, España.
E-mail: hispanoeuropea@hispanoeuropea.com

© de la traducción: **Zoila Portuondo**

Depósito Legal: B. 19285-2008

ISBN: 978-84-255-1798-3

Consulte nuestra web:
www.hispanoeuropea.com

IMPRESO EN ESPAÑA   PRINTED IN SPAIN

LIMPERGRAF, S. L. - Mogoda, 29-31 (Pol. Ind. Can Salvatella) - 08210 Barberà del Vallès

Índice

Conocer al
Rottweiler

El Rottweiler es un perro bello, fuerte, inteligente y protector. Es una de las razas más populares en todo el mundo, y la favorita de muchos amantes de los perros.

Pero el Rottweiler no resulta apropiado para todo el mundo. Antes de hacerse con uno, debería investigar un poco el asunto e indagar con los criadores responsables.

La historia del Rottweiler, como la de muchas otras razas caninas, es complicada y hay mucho en ella abierto a la especulación. Lo que se sabe es que proviene de los perros tipo mastín que tenían los romanos en la época de Julio César: animales inteligentes y rudos, bien dispuestos para el trabajo, y capaces lo mismo de conducir ganado que de proteger a sus amos. Cuando el ejército romano decidió que las tropas debían tener carne fresca, los perros empezaron a formar parte de ellas para guardar y

La raza era utilizada a menudo como animal de tiro. Actualmente, el Rottweiler participa en el tiro de carretas sólo para divertir y entretener a sus jóvenes amigos.

conducir el ganado que alimentaría a los soldados.

Cerca del año 74 d. C., cierta campaña militar cruzó los Alpes y se estableció en lo que es hoy el sur de Alemania; las tropas venían con sus perros. La agricultura y la ganadería siguieron siendo la ocupación principal de esta área, al margen del ejército o gobierno de turno, y los perros continuaron siendo parte necesaria en el trabajo diario, llevando el ganado al mercado. Alrededor del año 700 d. C., se levantó una iglesia cristiana en el sitio donde se libraron las antiguas batallas romanas. Cuando fue excavada, se encontraron tejas rojas, y por ello el sitio fue nombrado Das Rote Wil (La Teja Roja); eventualmente este lugar se convirtió en la ciudad de Rottweil, de donde el Rottweiler tomó su nombre.

La raza era altamente apreciada en la ciudad, no sólo para conducir el ganado al mercado sino también para proteger las moradas y a sus habitantes. Además de sus habilidades como pastores, se evidenció que los perros eran temerarios en la caza del jabalí y del oso, y tam-

La policía y el ejército han usado a los Rottweiler en muchas operaciones de búsqueda y rescate.

El Rottweiler es capaz de desempeñarse como perro asistente de discapacitados, ayudándolos en sus tareas cotidianas.

bién capaces de tirar de los carretones de la carne y la leche. Era, de hecho, una raza que servía a muchos propósitos. Cierta historia muy conocida refiere que un carnicero, después de beber durante toda la tarde del sábado tras haber cerrado su tienda, tenía por costumbre atar la bolsa de monedas al cuello de su perro para salvaguardar así el dinero en caso de que su marcha fuera tambaleante en el camino de regreso a casa.

La ciudad de Rottweil se convirtió en un centro comercial donde el ganado continuó desempeñando un papel prominente. Los carniceros se establecían en la zona y cada vez se necesitaban más perros para llevar las reses al mercado; las cosas continuaron así hasta 1840. En esa época se prohibió el traslado del ganado, y el ferrocarril pronto asumió la tarea de distanciar perros y rebaños. El Rottweiler declinó y, hacia 1882, en una exposición celebrada en Heilbronn, Alemania, la raza fue representada únicamente por un ejemplar de baja calidad. No obstante, hacia 1901, se formó

un club combinado de Rottweiler y Leonberger, gracias a lo cual el primero salió brevemente de la oscuridad. El club no duró mucho pero durante este período se redactó el primer estándar de la raza.

Hacia 1907, se formó el Deutscher Rottweiler Klub. En abril del mismo año se organizó también un segundo, el International Rottweiler Club.

Para crear mayor confusión entre los criadores de Rottweiler, en 1919 comenzó sus actividades un tercero: el Club Rottweiler de Alemania del Sur. Hacia 1921, los tres clubes decidieron trabajar juntos por el bienestar de la raza y, hacia 1924, se fundieron en uno: el Allegmeiner Deutscher Rottweiler Klub (ADRK). La raza había vuelto a ganar popularidad, por lo que en el primer registro combinado de los tres clubes se inscribieron 3.400 Rottweiler.

Después de la Primera Guerra Mundial, los alemanes comenzaron a emigrar a Estados Unidos y llevaron sus perros con ellos. El primer Rottweiler fue admitido en el libro de orígenes del AKC en 1931, y a partir de

Este atractivo Rottweiler nos saluda desde Alemania, país de origen de la raza y donde ha sido apreciada de forma considerable por su instinto protector, habilidad para el trabajo y utilidad para variadas tareas.

Los Rottweiler
son fuertes,
musculosos,
inteligentes, de
apariencia
llamativa y están
siempre alertas
de cuanto pasa a
su alrededor

entonces la raza comenzó a disfrutar de cierto grado de popularidad. Tras la Segunda Guerra Mundial, los soldados estadounidenses regresaron a su país cargados de anécdotas sobre el perro alemán que podía pasarse todo un día de guardia protegiendo tanto tropas como abastecimientos, y así la raza siguió granjeándose el apoyo de la gente del país. El American Kennel Club aceptó el estándar en 1935 y, en 1948, ganó un campeonato de belleza el primer Rottweiler nativo de Estados Unidos. Sin embargo, un ejemplar de la raza había conquistado el campeonato de obediencia en 1939. El American Rottweiler Club (Club del Rottweiler de Estados Unidos) se formó en 1971 y la primera exposición especializada de la raza tuvo lugar en 1981.

La raza siguió siendo poco popular en la década de 1970, pero en la década siguiente, al incrementarse la necesidad de garantizar la seguridad de los

El Rottweiler presenta un perfil fácilmente reconocible, con su impresionante talla y musculatura. Aunque los estándares de la raza varían ligeramente de un país a otro, los criadores de todo el mundo se esfuerzan por mantener el tipo.

hogares, comenzó a crecer en popularidad. En los noventa, el Rottweiler fue durante algunos años la segunda raza más popular de Estados Unidos. Actualmente, batalla por su reputación a medida que ciertas ciudades intentan aprobar leyes contra razas como el Pit Bull Terrier, el Staffordshire Terrier, el Dóberman y el Rottweiler. Por estas razones, si está considerando hacerse con un Rottweiler debe verificar las ordenanzas locales para asegurarse de que no existen leyes específicas contra la tenencia de Rottweiler. Incluso algunas pólizas de seguro para los propietarios de viviendas tienen prohibiciones sobre ciertas razas.

El entrenamiento con manga es un componente del adiestramiento del perro policía, así como parte del trabajo de Schutzhund, disciplina tradicional germana para los perros de guarda y defensa. Este tipo de entrenamiento sólo debe ser llevado a cabo por un profesional.

Al margen de la opinión a veces negativa que se tiene sobre la raza, los Rottweiler bien criados son perros de temperamento sano y de talento versátil. Los criadores se aseguran de que sólo las mejores cualidades se transmitan a la siguiente generación.

CONOCER AL ROTTWEILER

Resumen

■ Los antepasados del Rottweiler eran los perros que trabajaban para los antiguos romanos guardando, conduciendo y pastoreando ganado, además de cumplir otras tareas.

■ El Rottweiler recibió su nombre de la ciudad alemana de Rottweil, donde, como se ha podido comprobar, se estableció la raza.

■ A medida que disminuyó la necesidad de la raza como perro de trabajo, fue decayendo su popularidad.

■ Los clubes de raza alemanes salvaron al Rottweiler de la extinción, permitiéndole desarrollarse y captar así la atención de los cinólogos, fuera de Alemania. Los soldados estadounidenses estaban especialmente impresionados con estos perros de trabajo, a los que habían observado durante las dos guerras mundiales.

Estándar y descripción de la raza

Cada raza canina reconocida tiene un estándar oficial, o sea, una descripción escrita que permite hacernos una imagen mental de cómo debe verse, moverse y actuar.

Los deberes como guardianes de la mayor parte de los Rottweiler actuales consisten en proteger la casa y la familia.

El Rottweiler es una raza de trabajo que el AKC clasifica en el Grupo de Trabajo, y la FCI en el Grupo 2 – Molosos. Aunque tiene grandes habilidades para el pastoreo, no se le considera oficialmente un perro pastor. Los perros de trabajo, como el Rottweiler, son conocidos por sus habilidades para la guarda y protección, el tiro de carretas y trineos, o el rescate de personas ahogándose. Al igual que el Rottweiler, muchos de ellos han sido utilizados por el hombre durante siglos como asistentes en el trabajo.

El Rottweiler es un perro bastante grande y robusto, de color negro, con marcas fuego. Es un animal potente, de construcción sustanciosa y compacta. Los machos tienen una altura a la cruz que oscila entre los 60 y 67 cm, y las hembras, aunque son ligeramente menores, muestran la misma construcción sustanciosa de los machos. El cuerpo del Rottweiler es ligeramente más largo que alto y debe tener apariencia poderosa. El estándar detalla que el Rottweiler debe verse alerta, noble y autoconfiado.

Obviamente, fuerza y musculatura son altamente deseables en esta raza. El estándar señala que el cuello es potente y musculoso; el pecho amplio, espacioso y profundo. Las patas están fuertemente desarrolladas y son de huesos pesados; las traseras son muy anchas y musculosas. El pelaje externo del Rottweiler debe ser recto, denso y grueso, y se presenta en su estado natural, sin ninguna clase de arreglo o corte.

Se describe la marcha del Rottweiler como la de un trotador «cuyo movimiento debe ser balanceado, armonioso, seguro, potente y sin trabas, con fuerte alcance delantero y poderoso impulso trasero. El movimiento es fácil, eficiente y cubre terreno».

Aunque fue conocida en un principio como raza de trabajo, el Rottweiler es un hábil perro pastor, por lo que es elegible para competir en las pruebas y competencias de pastoreo del American Kennel Club.

El manto del Rottweiler es de un negro pulido con marcas bien definidas de color fuego sobre los ojos, en las mejillas, el hocico, la garganta, el pecho y las patas, bajo la cola y en los dedos de los pies.

El Rottweiler es selectivo a la hora de elegir a sus amigos, pero una vez que usted se ha ganado su lealtad, tendrá un amigo devoto de por vida.

El estándar señala que el Rottweiler es básicamente un perro tranquilo, confiado y valiente, con un retraimiento basado en la confianza en sí mismo, que no se presta a amistades inmediatas e indiscriminadas. El Rottweiler es seguro y responde disposición para el trabajo, lo que lo hace especialmente adecuado como compañero, guardián y perro multipropósito.

¡Hay muchas razones para desear un perro de esta raza! Un Rottweiler de buenas líneas puede ser un placer como mas-

Se describe el movimiento del Rottweiler como el de un «trotador». Es capaz de desarrollar velocidad y cubrir mucho terreno, impulsado por sus musculosas patas.

tranquilamente, con una actitud de «espera-y-observa», a las influencias del entorno. En él hay un deseo inherente de proteger su casa y familia; es un perro inteligente, de gran dureza y adaptabilidad, con una fuerte cota, un compañero extremadamente cariñoso, además de que, debido a su gran inteligencia, es altamente adiestrable. Sin embargo, el dueño potencial de un Rottweiler debe comprender que ésta no es una

Depresión naso-frontal o *stop*: Hendidura entre los ojos en el punto de unión entre los huesos nasales y el cráneo.

Cráneo: Cráneo.

Occipucio: Parte superior trasera del cráneo. Cúspide.

Hocico: Cara o región de la cabeza frente a los ojos.

Línea superior: Contorno desde la cruz hasta el nacimiento de la cola.

Labio: Parte carnal de las mandíbulas superior e inferior.

Belfos: Parte colgante de los labios superiores.

Cruz: Es el punto más alto del dorso, en la base del cuello, sobre los hombros.

Hombros: Punto superior de las extremidades anteriores; es la región de las dos escápulas.

Tórax: Cavidad torácica (encerrada por las costillas).

Antepecho: Esternón.

Extremidades anteriores: Engranaje frontal desde la escápula hasta los pies.

Brazo superior: Región entre la escápula y el antebrazo.

Codo: Punto de encuentro entre el brazo y el antebrazo.

Antebrazo: Región entre el brazo y la muñeca.

Pecho: Pecho inferior.

Dedo suplementario o espolón: Dedo extra que aparece en la parte interna de la pata; quinto dedo.

Carpo: Muñeca.

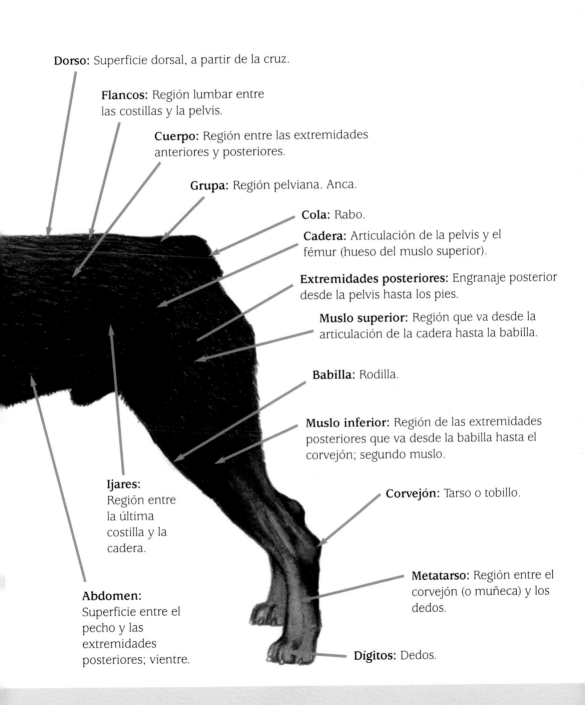

Dorso: Superficie dorsal, a partir de la cruz.

Flancos: Región lumbar entre las costillas y la pelvis.

Cuerpo: Región entre las extremidades anteriores y posteriores.

Grupa: Región pelviana. Anca.

Cola: Rabo.

Cadera: Articulación de la pelvis y el fémur (hueso del muslo superior).

Extremidades posteriores: Engranaje posterior desde la pelvis hasta los pies.

Muslo superior: Región que va desde la articulación de la cadera hasta la babilla.

Babilla: Rodilla.

Muslo inferior: Región de las extremidades posteriores que va desde la babilla hasta el corvejón; segundo muslo.

Ijares: Región entre la última costilla y la cadera.

Corvejón: Tarso o tobillo.

Abdomen: Superficie entre el pecho y las extremidades posteriores; vientre.

Metatarso: Región entre el corvejón (o muñeca) y los dedos.

Dígitos: Dedos.

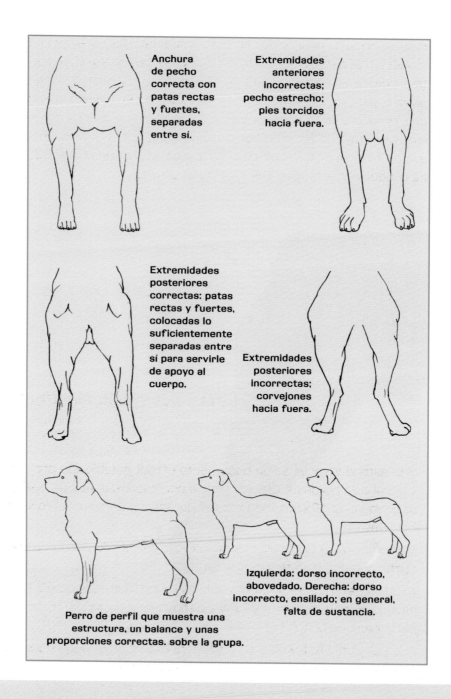

Anchura de pecho correcta con patas rectas y fuertes, separadas entre sí.

Extremidades anteriores incorrectas; pecho estrecho; pies torcidos hacia fuera.

Extremidades posteriores correctas: patas rectas y fuertes, colocadas lo suficientemente separadas entre sí para servirle de apoyo al cuerpo.

Extremidades posteriores incorrectas; corvejones hacia fuera.

Perro de perfil que muestra una estructura, un balance y unas proporciones correctas. sobre la grupa.

Izquierda: dorso incorrecto, abovedado. Derecha: dorso incorrecto, ensillado; en general, falta de sustancia.

Estándar y descripción de la raza

raza adecuada para todo el mundo. Al perro hay que adiestrarlo desde edades muy tempranas para que comprenda qué conducta es la correcta y cuál no. También ha de saber que no se le va a tolerar ninguna conducta inaceptable. Debe comprender que usted es el líder de la casa y que él no hará las cosas a su manera, imponiéndosele. El adiestramiento temprano en obediencia es una de las formas más fáciles de establecer con claridad quién lleva el control.

ESTÁNDAR Y DESCRIPCIÓN DE LA RAZA

Resumen

■ El estándar racial es un documento oficial, establecido por el club matriz y aprobado por la asociación canina correspondiente (FCI, AKC...); en él se describe la conformación física, el carácter y el movimiento ideales del Rottweiler.

■ El cuerpo del Rottweiler debe ser musculoso, de pecho profundo y ancho, y patas bien desarrolladas.

■ El temperamento del Rottweiler es de confianza. Él selecciona a sus amigos cuidadosamente y deviene muy leal y protector hacia aquellas personas que le son cercanas.

■ El pelaje del Rottweiler es corto y doble, de color negro, con vistosas marcas que van desde el caoba hasta el fuego.

¿Es la raza adecuada para usted?

Antes de adquirir un Rottweiler, debe meditar un poco sobre la personalidad y características de esta raza para saber si es la apropiada para usted.

No es un perro para el dueño perezoso que no está dispuesto a darle el adiestramiento y la atención que merece. Además, tampoco es en todos los casos el perro adecuado para el dueño debutante que nunca ha tenido un cachorro. Es para aquellas personas que han estudiado la raza, entienden sus características y están dispuestas a adiestrarlo y dedicarle el tiempo que necesita.

Antes de adquirir un Rottweiler, debería responderse las siguientes preguntas:

1. ¿Tiene tiempo para dedicárselo al perro? Él necesita cuidado, compañía, adiestramiento y acicalado. Es casi como tener un niño, excepto que el perro permanece niño y necesita de sus cuidados para siempre.

El mejor dueño para el Rottweiler es la persona activa que disfruta del aire libre, y a quien le gusta compartir con su perro varias actividades.

2. ¿Tiene un jardín cercado para el Rottweiler? No es un perro que pueda dejar atado al porche ni suelto. Debe tener un área segura donde correr y hacer ejercicio.

3. ¿Ha tenido perros antes? ¿Vivió éste (o vivieron éstos) una larga y feliz vida en compañía de su familia?

4. ¿Ha averiguado en las oficinas locales del gobierno si existen leyes en su vecindario o ciudad contra determinadas razas caninas? Algunas comunidades no permiten ciertas razas de perros y el Rottweiler puede ser una de ellas.

5. Comprenda que sus vecinos pueden no sentirse contentos con la llegada al barrio de un perro de esta raza. ¿Les ha comentado algo acerca de sus planes?

6. Aunque el Rottweiler requiere un acicalado mínimo, necesitará algunos cuidados. ¿Tiene usted tiempo para ello?

Revisemos las preguntas, una a una:

1. ¿Tiene tiempo para dedicárselo al perro? Tener tiempo para dedicárselo al perro no

Aunque es un perro lleno de energía que requiere mucho ejercicio al aire libre, el Rottweiler también necesita pasar tiempo en casa con sus dueños. Él desea ser parte verdadera de la familia.

Los Rottweiler pueden ser como grandes osos de peluche para los niños. Claro, niños y perros deben ser siempre presentados con cuidado, se les debe supervisar en sus interacciones y enseñarles a tratarse mutuamente con respeto.

significa que no pueda trabajar y tener un perro al mismo tiempo. Sin embargo, al igual que un niño, su mascota requiere que le dedique un tiempo valioso. Debe alimentarle dos veces al día y ejercitarlo varias veces todos los días. Necesita que le acaricie y le ame, y querrá acompañarle cuando salga en el coche. Deberá trabajar con él para que sea un perro obediente y de buenas costumbres. Debe darle por lo menos dos paseos diarios, lo que significa una caminata y un buen retozo, por la mañana y por la tarde. Nunca le permita correr suelto por el vecindario.

2. ¿Dispone usted de un patio cercado? Debe ser lo suficientemente espacioso como para que pueda jugar a la pelota con el perro, arrojándosela para que él la persiga. Recuerde que es su responsabilidad mantener el patio libre de heces fecales caninas. Cuando lo pasee, es esencial que lleve una o dos bolsas de plástico para recoger sus deposiciones. Luego podrá deshacerse fácilmente de la bolsa y su contenido cuando, de vuelta a casa, pase por el primer cesto de basura.

3. ¿Ha tenido perros antes? Esa experiencia le permitirá saber lo que un perro espera de usted y lo que debe hacer usted por él. Como el Rottweiler es una de las razas más fuertes del mundo canino, debe ser capaz de manejarlo. Además, es listo y ¡necesita un dueño que sea tanto o más listo que él!

4. No deje de indagar con los órganos del gobierno de su ciudad si existe alguna ley contra determinadas razas caninas. Si el ayuntamiento ha prohibido algunas, puede que el Rottweiler sea una de ellas.

5. Debe conversar con sus vecinos sobre su intención de adquirir un Rottweiler. Proporcióneles información acerca de la raza y asegúreles que está adquiriendo su cachorro de un criador responsable, además de que le dedicará el tiempo, las atenciones y el adiestramiento que necesite.

6. En esta raza, el acicalado es mínimo pero al perro hay que cepillarlo, cortarle las uñas, lavarle la cara una o dos veces por semana, mantenerle las

orejas limpias y bañarlo cuando sea necesario.

Para tener un Rottweiler se requiere de buen humor y de una especie de sentido infantil animal como éste, grande y poderoso, que requiere respeto y comprensión, son tener experiencia con los perros y un gran sentido de la responsabilidad.

El dueño de un Rottweiler debe tener control sobre su perro en todo momento. Siempre debe pasearle por lugares públicos con la correa puesta, aunque el perro agradecerá disponer de algún tiempo para correr suelto en alguna área cercada.

de la aventura, porque son rasgos que le encantan a este perro. También deberá ser usted una persona físicamente apta, alguien que disfrute de la actividad: son características que el Rottweiler aprecia igualmente. Otras claves para poseer un También es de máxima importancia ser capaz de adiestrar al Rottweiler física y mentalmente.

Al margen de la rudeza de este perro y de la ocasional dificultad que pueda confrontar en caso de que los vecinos sientan rechazo por la raza, el Rottweiler es un animal apreciado por su inteligencia, devoción a la familia, habilidades para proteger a los que le rodean y sus posesiones, y por su buena apariencia. Sin embargo, conozca la raza antes de correr a comprar el primer cachorro que se le presente.

¡Volando alto! A pesar de toda su corpulencia, el Rottweiler es ágil. Ello, unido a su inteligencia y adiestrabilidad, lo convierte en un perro capaz de tener éxito en competencias de obediencia de alto nivel. Este Rottweiler completa un ejercicio avanzado de cobro con salto alto.

Para obtener mayor información sobre el Rottweiler, vaya a la biblioteca local y consulte otros libros sobre el tema. Además, existe una excelente fuente informativa en Internet, en el sitio web del American Rottweiler Club (ARC), el AKC, la FCI o la sociedad canina de su país. Estos sitios web constituyen un formidable medio instructivo, además de un directorio de los clubes locales de Rottweiler, y le servirán de puente para contactar con otras personas.

¿ES LA RAZA ADECUADA PARA USTED?

Resumen

■ La persona adecuada para el Rottweiler está lista y es capaz de asumir una posición de autoridad frente a su inteligente y fuerte perro.

■ La persona adecuada para el Rottweiler tiene tiempo para su perro y amplio espacio para que haga el ejercicio que necesita.

■ La persona adecuada para el Rottweiler se asegura de que su perro sea bienvenido en la comunidad.

■ La persona adecuada para el Rottweiler está lista para adiestrar a su perro de modo que se convierta en un ciudadano canino educado y confiable.

Selección
del criador

Cuando vaya a comprar su Rottweiler, adquiera un cachorro sano producido por un criador responsable. Este criador lo ha pensado mucho antes de reproducir a su perra.

Ha considerado los problemas de salud que confronta la raza, tiene espacio en su casa o perrera para acomodar una camada y tiempo que dedicar a los cachorros. No cruza a la perra de su propiedad con el perro que vive en la esquina porque es más fácil, ni porque desea que sus hijos experimenten el milagro del nacimiento.

El criador responsable es alguien consagrado a la raza de su preferencia, y se esfuerza por eliminar de ella todas las faltas y problemas hereditarios, mejorarla es su prioridad. Estudia los pedigríes y observa qué están produciendo los sementales del momento. Para encontrar el que le conviene a su reproductora, puede enviarla de viaje al otro

El buen criador es miembro del club especializado de la raza y participa con sus perros en exposiciones y otros eventos.

lado del país o llevarla en su coche a muchos quilómetros de distancia. Puede que produzca una o dos camadas por año, lo que significa que tal vez no tenga un cachorro listo cuando usted le pregunte. Recuerde que está adquiriendo un nuevo miembro familiar y, por lo general, esperar vale la pena.

Consulte en la web del AKC, FCI o KCB, para que obtenga una lista de los clubes locales de Rottweiler. Seguro que encontrará alguno en su área de residencia o, por lo menos, en el mismo estado, ya que hay muchos clubes especializados en la raza. El club local debe ser capaz de dirigirle hacia un criador responsable y disipar las dudas que pueda tener.

El criador responsable de Rottweiler probablemente será alguien que ha estado criando durante algunos años, conocido en el ámbito nacional. Seguro que es miembro del club local de Rottweiler y también del nacional.

El criador responsable le mostrará el criadero, si es que lo tiene, o le invitará a su casa para ver los cachorros. Encon-

Observe cómo se presentan los Rottweiler en las exposiciones caninas. Cuando abandonen el *ring*, acérquese a alguno de los presentadores y háblele de su interés por la raza. Es una excelente manera de hacer contactos y obtener referencias sobre los criadores.

Busque un criador o criadora cuya actitud hacia los cachorros sea amorosa, alguien que les proporcione esa esencial sociabilización temprana, que se ocupe de ellos con sus propias manos, acariciándolos y poniéndolos en contacto con el mundo que está más allá del cubil.

trará todo limpio y oliendo bien. El criador le mostrará a la madre del cachorro que está usted considerando, y ella también estará limpia, olerá bien y estará acicalada. Los cachorros igual, además de que tendrán las uñas cortadas y la cara limpia. Tal vez el criador le muestre uno o dos cachorros porque ya tenga algunos vendidos o esté considerando quedarse con alguno.

El criador también le hará preguntas. ¿Ha tenido perros antes? ¿Cuántos? ¿Alguno ha sido un Rottweiler? ¿Vivieron durante largo tiempo? ¿Tiene un patio cercado? ¿Cuántos hijos tiene y de qué edades? ¿Está dispuesto a emplear parte de su tiempo enseñando a los niños cómo tratar al nuevo miembro de la familia? ¿Tiene alguna experiencia en adiestramiento canino? ¿Está en disposición de asistir a

Una de las preguntas que le hará el criador es si tiene espacio suficiente para el Rottweiler, si dispone de un patio cercado y si tiene otras mascotas. Este Rottweiler parece feliz entre estos amigos caninos con quienes comparte su hogar.

un cursillo de obediencia con el perro? ¿Tiene otras mascotas en casa? No se ofenda con estas preguntas. El criador ha invertido mucho esfuerzo, tiempo y dinero para conseguir su camada, y para él resulta prioritario que cada cachorro vaya a vivir a un ambiente adecuado donde se le cuide, se le desee y se le ame.

El retozo físico con perros adultos enseña al cachorro las reglas de los mayores dentro de la jauría. Aprende importantes lecciones al descubrir dónde están los límites a los que puede llegar en las relaciones con su colega.

SELECCIÓN DEL CRIADOR

Resumen

■ Encontrar un criador de prestigio es una obligación para el dueño potencial. Contacte con el Club Rottweiler de su localidad o país, la sociedad canina de su país o la FCI, para que le den referencias de criadores éticos.

■ Conozca qué debe esperar de un criador de calidad y búsquelo hasta que encuentre uno con el cual se sienta absolutamente cómodo.

■ Eche un vistazo a las instalaciones del criador y lleve una lista de preguntas. De igual modo, debe prepararse para contestar las preguntas que él le hará.

Elegir el cachorro adecuado

A

hora está listo para seleccionar a su cachorro. Ha llegado a la conclusión de que puede tener un Rottweiler y convivir con este perro grande, inteligente, valeroso e intrépido.

Ha revisado las ordenanzas locales para conocer la legislación específica referente a la raza y ha conversado con sus vecinos acerca de la posibilidad de traer un Rottweiler al barrio. La familia entera está lista para la llegada de un miembro nuevo a su hogar y a su vida. Usted, por su parte, ha investigado la raza y ha localizado a un criador responsable con una camada disponible.

Usted ha llegado a casa del criador a la hora acordada y él tiene los cachorros listos para que los vea. Debe encontrar una manada divertida, limpia y acicalada, de trufas húmedas, pelajes brillantes y costillas no visibles. Ahora está listo para escoger a uno de estos «pilluelos» y sostenerlo en sus brazos.

Los criadores retienen a los cachorros por lo menos hasta que tienen ocho semanas desde su nacimiento. Después, llega el momento en que cada uno dirá adiós a su madre y se irá a vivir con su nueva familia.

Debe preguntar al criador si los padres del cachorro tienen hechas pruebas de temperamento. Son pruebas que prepara la American Temperament Test Society (Sociedad de Pruebas de Temperamento de Estados Unidos, ATTS). Los criadores responsables están familiarizados con esta organización, y sus animales han pasado las pruebas. El criador le mostrará el informe con las puntuaciones y le permitirá saber si los padres del cachorro tienen un temperamento correcto. Además, es una excelente indicación de que está usted ante un criador de Rottweiler responsable.

Aunque resulta difícil, no le entregue su corazón al primer cachorro que vea. Tómese su tiempo para conocer a cada uno y observe cuál le resulta más atractivo; la asesoría del criador también le resultará muy valiosa para encontrar el que mejor se ajusta a usted.

Las pruebas de temperamento de la ATTS se hacen a los perros que tienen como mínimo 18 meses; los cachorros, por tanto, no se someten a estas pruebas, pero sus progenitores sí. La prueba consiste en un paseo simulado por el parque o el vecindario donde se presentan situaciones cotidianas, algunas neutrales, otras amistosas y otras amenazadoras, y así poder observar cómo reaccionan los perros ante los diferentes estímulos. Los proble-

El criador tendrá en su casa por lo menos a la madre de los cachorros: asegúrese de conocerla. No se retraiga, pregunte por la documentación que certifica la salud de los progenitores de la camada y por la prueba de temperamento, si es que se les ha practicado.

mas que se intentan detectar son agresión sin provocación, pánico sin recuperación y fuerte anulación. Se observa la conducta del perro hacia los extraños, su reacción ante estímulos visuales, táctiles y sonoros, así como su comportamiento autodefensivo y agresivo. Durante la prueba, que dura unos 10 minutos, el perro va con la correa suelta.

Algunos criadores se valen de un profesional, del veterinario o de otro criador de perros para someter a prueba el temperamento de sus cachorros. Así detectan al más enérgico y al de respuesta más lenta, al de espíritu independiente y al que desea seguir a la manada. Si la camada ha sido sometida a prueba, el criador le sugerirá el cachorro que, en su opinión, se ajusta mejor a su familia. Si la camada no ha sido evaluada, usted mismo puede hacer algunas sencillas pruebas mientras está sentado en el suelo jugando con los perros.

Palméese la pierna o chasquee los dedos y observe cuál es el cachorro que se le acerca primero. Bata palmas y observe si hay alguno que se aleja de usted. Observe cómo juegan los hermanos entre sí. Fíjese en aquel que tenga la personalidad que le resulte más atractiva, porque ése será probablemente el que se lleve a casa. Busque el cachorro que parezca estar «en el medio», que no sea demasiado bullicioso, agresivo o sumiso. Usted quiere uno que sea alegre pero no el más salvaje. Dedique algún tiempo a seleccionarlo. Si no está decidido, diga al criador que le gustaría ir a casa y pensar mejor las cosas. Se trata de una decisión importante, porque se trata de integrar un nuevo miembro a su familia, que permanecerá con ustedes durante los próximos 10 ó 12 años. Así que procure obtener un cachorro con el cual todos estén contentos.

¿Ya ha pensado en el sexo del perro? ¿Prefiere un macho o una hembra? ¿Cuál es mejor para usted? Ambos son cariñosos y leales, y cualquier diferencia depende más de la personalidad individual que del género. La Rottweiler puede ser un poquito más caprichosa, en dependencia de sus antojos y picos hor-

La familia entera debe desempeñar un papel en la selección del cachorro, así que vayan juntos a escogerlo para garantizar que todos están de acuerdo en agregar un nuevo miembro al conjunto hogareño.

Parte de la «diversión» que entraña tener un cachorro consiste en lidiar icon sus dientes! El cachorro en proceso de dentición será un empedernido mordedor, y por eso necesita juguetes fuertes y seguros que le permitan aliviar las molestias de sus doloridas encías, también porque le ayudan a encontrar un cauce apropiado para sus instintos mordedores.

monales, pero por lo general es una dulce compañera con la cual es fácil convivir. El macho se apega más al amo y su familia, y es significativamente mayor, a veces cinco centímetros más alto que la hembra. Ambos son animales grandes y poderosos.

Aunque los machos tienden a ser más equilibrados que las hembras, también son más activos y revoltosos durante la adolescencia, lo que puede resultar problemático en un perro tan grande y fuerte. El macho no entrenado puede volverse dominante con la gente y con otros perros. Si desea un perro que le respete como líder, es necesario que le proporcione un sólido adiestramiento básico en obediencia. Los machos no esterilizados tienden a ser más territoriales, especialmente con otros machos, aunque ambos sexos son protectores con el hogar y la familia.

Como probablemente esterilizará a su Rottweiler mascota, la mayoría de los problemas asociados al sexo que presentan los perros «completos» carecerán de importancia. Pero si está considerando un Rottweiler de exposición, entonces tendrá que enfrentarse al celo semestral de la hembra (estro) y, en el caso del macho, a la búsqueda constante de perras en celo. Los machos de Rottweiler, como los de cualquier otra especie, están más interesados en la reproducción que las hembras. Montarán a las perras o a cualquiera que le pase cerca en el momento preciso, tenderán a marcar el territorio con pequeñas porciones de orina (aunque dentro de la casa ninguna cantidad de orina resulta pequeña) y a vagar en búsqueda de pareja (¡ah, ese impulso vital!). Además de los beneficios que representa la esterilización en cuanto a la conducta, los perros esterilizados de ambos sexos están protegidos o tienen menos riesgo de padecer muchos problemas de salud, incluyendo los cánceres de los órganos reproductores.

Una vez que se haya decidido por el cachorro más ade-

Trío de alegres y sociables hermanos de camada, disfrutando de los rayos del sol.cauce apropiado para sus instintos mordedores.

cuado, esa criatura alegre y sociable, que muestra signos de buena salud, correcta sociabilización y el encanto y confianza propios del Rottweiler, está listo para llevarse a casa su nueva adquisición. La emoción acaba de empezar, porque no hay nada comparable a la llegada de un cachorro de Rottweiler.

Revise la mordida del cachorro elegido. Le cambiará ligeramente a medida que sus huesos se desarrollen, pero el criador debe ser capaz de saber si una mordida terminará siendo correcta.

ELEGIR EL CACHORRO ADECUADO

Resumen

■ Visite la camada para ver a los cachorros personalmente. Busque cachorros correctos y visiblemente sanos.

■ No se enamore del primer cachorro que vea. Conózcalos a todos y tómese su tiempo para decidir cuál, si lo hay, es el adecuado para usted.

■ Pregunte si los progenitores tienen hechas las pruebas de temperamento.

■ Confíe en el criador para que le recomiende el cachorro que se ajustará mejor a su personalidad y estilo de vida.

■ Considere las diferencias entre machos y hembras, y decida cuál de los dos sexos prefiere.

CAPÍTULO

6

Llegada a casa del cachorro

Un cachorro nuevo de Rottweiler en el hogar no sólo es fuente de muchas emociones y alegrías, sino también de muchas responsabilidades.

Antes de traer al suyo, debe cubrir algunas necesidades. En primer lugar, ha de adquirir recipientes para el agua y la comida, así como un collar y una correa. También una jaula; no sólo para que duerma en ella, sino para que pase el tiempo cuando se quede solo en casa. En poco tiempo, el cachorro aprenderá que la jaula es su segundo «hogar» y se sentirá en ella seguro y a salvo. Si se deja el cachorro suelto y solo, pronto se aburrirá y comenzará a mordisquear el mobiliario, el maderamen y cualquier otra cosa que encuentre en su camino. Manteniéndole confinado cuando el dueño no está, se evitarán estos problemas. No deje de colocar varias toallas o un cobertor lavable en el fondo de la jaula para que el cachorro se sienta cómodo.

Los cachorros necesitan mucho tiempo para el descanso, así que no se sorprenda si las exploraciones que hace del nuevo entorno su pequeño Rottweiler se ven interrumpidas por frecuentes siestas.

Si se propone conducir lejos para recoger a su mascota, lleve una o dos toallas, un poco de agua y un collar con su correa, además de algunas bolsas de plástico y un rollo de toallas de papel, por si el cachorro defeca u orina durante el viaje.

Hogar seguro, hogar feliz

Hay algo de lo que puede estar seguro: su cachorro mostrará curiosidad por todo lo que encuentre y no se detendrá para investigarlo.

Antes de traer el cachorro a casa, debe ser consciente de que un perrillo pequeño es igual que un párvulo, y hay peligros en el entorno hogareño que han de ser eliminados. Los cables eléctricos tienen que estar alejados convenientemente del suelo y escondidos de la vista, porque son objetos tentadores para morderlos. Las piscinas pueden resultar muy peligrosas, así que cerciórese de que el cachorro no pueda llegar hasta la suya –si es que la tiene– y caerse dentro. Será necesario colocar barreras para prevenir accidentes. No todos los perros pueden nadar, y los que tienen patas cortas o cuerpos pesados no son capaces de salir fuera de un estanque o de una piscina. Fíjese en las barandas y pasamanos que

Revise la casa por dentro y por fuera para que se cerciore de que no hay nada peligroso en aquellas áreas adonde el cachorro tendrá acceso.

pueda tener en casa, y compruebe que el cachorro no puede deslizarse por las aberturas y caer.

Si tiene niños pequeños, debe hacerles comprender que un cachorro es una criatura viviente a la cual hay que tratar con delicadeza. No se pueden montar a horcajadas sobre él, tirarle de las orejas, ni levantarlo para luego dejarlo caer. Esta responsabilidad es suya. Un niño al que se le enseña a tratar bien a los animales desde temprana edad puede convertirse en un dueño de mascotas, compasivo y amante de por vida.

¡Utilice el sentido común! Piense dónde puede meterse en problemas un niño y encontrará que su cachorro estará justo ¡detrás de él! Cuando entre en casa por primera vez (después de haber hecho sus necesidades fuera), déjelo que eche un vistazo a su nuevo hogar y en los alrededores. Ofrézcale una comida ligera y agua. Cuando esté cansado, llévelo afuera para que vuelva a desahogarse y entonces colóquelo en su jaula, lo mismo para echar una siesta que –ojalá–

para dormir durante toda la noche.

El primer o segundo día el cachorro debe estar tranquilo para que tenga tiempo de acostumbrarse a su nuevo hogar, entorno y familia. La primera noche puede que llore un poquito, pero si le coloca en la jaula un juguete o un suéter suave y lanoso, le proveerá de algún calor y seguridad. También puede ser útil colocarle cerca un reloj de tictac o una radio con música suave. Recuerde que el cachorro ha sido desarraigado de sus hermanos y su madre, así como de la figura ya familiar del criador, por eso necesita uno o dos días para acostumbrarse a su nueva familia. Si llora la primera noche, déjelo: eventualmente se tranquilizará y se quedará dormido. A la tercera noche, debe haberse adaptado. Tenga paciencia, y dentro de una semana o menos, les parecerá a todos, a usted, a su familia y al cachorro, que llevan años juntos.

Sociabilización

Este procedimiento protege al cachorro, pero no a la casa. La sociabilización es la póliza de seguro que tiene el Rottweiler para alcanzar una madurez alegre y estable, y constituye, sin lugar a dudas, el factor más importante en sus primeros contactos con el mundo. Los Rottweiler son, por niños y los lugares desconocidos. Muchos se convierten en mordedores cobardes, o se vuelven agresivos con los otros perros, con los extraños e, incluso, con los miembros de la familia. Tales animales casi nunca pue-

El criador le dará detalles acerca de la alimentación del cachorro y le aconsejará cómo llevarla adelante. Compre alguna comida y los recipientes que el perro va a necesitar.

naturaleza, gregarios en relación con las personas y los otros perros, y raramente agresivos o suspicaces con los extraños. Sin embargo, está demostrado que los cachorros no sociabilizados crecen siendo miedosos, inseguros, temerosos de la gente, los den ser rehabilitados y suelen terminar abandonados en refugios caninos donde, a la larga, son sacrificados. La sociabilización del cachorro sienta las bases para una buena conducta en la vida adulta del perro, y previene esos comportamientos que conducen al abandono y la eutanasia.

El principal período de socialización se enmarca dentro de las primeras veinte semanas de vida. En el momento en que el perro deja la seguridad de su madre y hermanos, entre las ocho y diez semanas de edad, comienza el trabajo del dueño. Empiece por permitirle una estancia tranquila y sin complicaciones en la casa durante uno o dos días, y a partir de ahí comience a ponerlo en contacto, gradualmente, con los sonidos y las imágenes de éste, su nuevo mundo humano. A esta edad, es esencial la interacción frecuente con los niños, con personas no conocidas y con otros perros.

Siempre llévelo de visita a lugares novedosos (donde los canes sean bienvenidos, naturalmente) como parques, o incluso el aparcamiento del mercado lo-

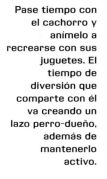

Pase tiempo con el cachorro y anímelo a recrearse con sus juguetes. El tiempo de diversión que comparte con él va creando un lazo perro-dueño, además de mantenerlo activo.

cal donde se reúne mucha gente. (Evite ir a lugares donde no se permita la entrada a los perros, porque el encuentro con un áspero guardia de seguridad u oficial de la policía no resultará una buena experiencia sociabilizadora para su bebé de colores negro y fuego). Propóngase como meta conocer dos lugares diferentes cada semana durante los próximos dos meses. Procure que las situaciones novedosas sean positivas y alegres, porque eso creará una actitud favorable en el perro ante encuentros futuros.

«Positivo» es una palabra especialmente importante cuando se trata de ir al veterinario. Usted no desea que su perro tiemble de miedo cada vez que «ponga una pata» en la consulta. Cerciórese de que el doctor sea un verdadero amante de los perros, además de buen médico.

Su cachorro necesitará también estar en contacto con los niños, aunque no sin vigilancia. Los Rottweiler son, por lo general, buenos con los chicos, pero tanto unos como otros deben aprender a conducirse correctamente cuando están juntos. Los

El cachorro se beneficiará estando en contacto con otros jóvenes perros. Este Rottweiler tiene en este cachorro de Shiba un nuevo amigo.

cachorros de todas las razas tienden a considerar a la gente menuda como hermanos de camada e intentarán ponerles una pata encima (actitud de dominio). A los chicos hay que enseñarles a jugar adecuadamente con los perros y respetar su privacidad. De la misma manera, los adultos de la familia deben enseñar al cachorro a no mordisquear ni saltar sobre los infantes. Un Rottweiler que haya tenido experiencias negativas con los niños puede desencadenar una situación peligrosa para todos los involucrados. No puede haber nada más importante que sociabilizar al Rottweiler para que guste de los niños, particularmente si va a estar siempre rodeado de ellos. Incluso si no tiene usted niños propios, tenga presente que los vecinos, familiares y otros visitantes pueden entrar en su patio o jardín acompañados de sus hijos.

Lleve a su joven Rottweiler a la escuela para cachorros. Algunos cursillos los aceptan con diez o doce semanas de edad, si cumplen el requisito de tener puestas sus primeras vacunas. Mientras más joven, más fácil es

El guardarropas de su Rottweiler debe incluir un collar para el uso diario con su chapa de identidad. Es algo importante durante toda la vida del perro.

La jaula del Rottweiler tiene usos diversos: la educación casera, la protección del animal, especialmente durante los viajes, por nombrar sólo algunos. Cuando adquiera la jaula para el cachorro, que sea lo suficientemente grande para que le sirva de adulto.

modelar patrones de buena conducta. Un buen cursillo para cachorros enseña la correcta etiqueta social canina en lugar de rígidas habilidades de obediencia. El cachorro conocerá y jugará con congéneres jóvenes de otras razas mientras usted se informa sobre los métodos de enseñanza positiva necesarios para adiestrarlo. Los cursillos para cachorros son importantes tanto para los novatos como para los expertos. Si es usted un dueño inteligente no se quedará ahí, sino que continuará con los cursos de obediencia básica. Claro, ¡usted desea ser el dueño del Rottweiler más educado del vecindario!

Recuerde esto: hay una relación directa entre la calidad y cantidad de tiempo que dedique al cachorro durante las primeras veinte semanas de su vida y el carácter que tendrá cuando sea adulto. No podrá recuperar ése valioso período de aprendizaje, así que aprovéchelo al máximo.

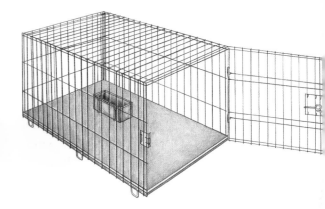

La jaula de alambre proporciona al cachorro de Rottweiler ventilación, buena vista y sensación de seguridad.

LLEGADA A CASA DEL CACHORRO

Resumen

■ Vaya a la tienda para mascotas y adquiera los accesorios básicos para el cachorro. Entre ellos están la comida, los recipientes, el collar, la chapa de identidad, los juguetes, la correa, la jaula y el cepillo.

■ Haga de su casa un lugar seguro para el cachorro, eliminando todos los peligros potenciales dentro y fuera de ella.

■ Ponga al cachorro en contacto con los niños, con otros perros y nuevas situaciones. Procure que las experiencias novedosas sean positivas y divertidas, para que crezca bien sociabilizado y equilibrado.

■ El cursillo para cachorros es una magnífica manera de sociabilizar y adiestrar al nuevo cachorro.

Primeras lecciones

A todo perro hay que enseñarle a comportarse correctamente en el hogar y a hacer sus necesidades en el lugar adecuado, desde el mismo momento en que lo traemos a casa.

La diligencia que despleguemos en las dos o tres primeras semanas será decisiva, y enseñar a un Rottweiler no es difícil porque es un perro muy inteligente. Cada vez que el cachorro se despierte de una siesta debe sacarlo inmediatamente. Obsérvelo, y cuando haya defecado u orinado, elógielo con un «¡Muy bien!», dele una cariñosa palmadita en la cabeza y hágalo entrar. Puede que algunas veces haga sus necesidades en un lugar inapropiado, pero con un oportuno «no» de su parte pronto aprenderá que es mejor ir a desahogarse fuera que hacerlo en el suelo de la cocina y ganarse un regaño.

En poco tiempo usted también conocerá los hábitos de su perro. Sin embargo, es esencial que lo saque: cuando se des-

Debe educar a su cachorro enseñándole a hacer sus necesidades fuera de la casa. Desde el primer día sáquelo para que se desahogue fuera.

pierte por la mañana, después de comer, antes de irse a dormir y después de siestas largas. Una vez que alcanzan la madurez, la mayoría de los perros sólo necesitan salir tres o cuatro veces al día. Algunos van a la puerta y ladran para hacer saber a sus dueños que necesitan salir y otros empiezan a dar vueltas nerviosamente. Observe y aprenda a interpretar estas señales. Claro, las jaulas constituyen una gran ayuda para la educación casera ya que a la mayoría de los perros no les gusta ensuciar sus habitaciones.

Sólo sea paciente en el proceso de la educación doméstica, porque a veces es un período difícil. Sin embargo, es esencial tener un perro que sea limpio dentro de la casa. La vida será más fácil para todos, ¡sin contar con el estado de las alfombras!

Nunca (así, como lo deletreamos, N-U-N-C-A) estriegue la trufa del cachorro dentro de la orina o las heces ni le pegue con la mano (tampoco al perro adulto), con un periódico o con cualquier otro objeto con el fin de corregirlo. Él no entenderá por

Desde el principio, compre una jaula grande que le sirva para el perro adulto, que le permita sentarse, ponerse de pie y estirarse cómodamente. No olvide que la talla eventual del Rottweiler podrá llegar a los 67 centímetros a la cruz.

Algunos criadores dedican parte de su tiempo a acostumbrar a los cachorros a la jaula antes de que se vayan a vivir a otros lugares con sus nuevos dueños, lo que a éstos facilita el adiestramiento.

¿Quién llevará el timón en la relación entre usted y su Rottweiler? Si se lo permite, será él, y no es ésta la manera correcta de criar un perro con el cual pretendemos vivir felizmente.

qué lo está azotando y sólo conseguirá que le coja miedo.

Sugerencia para la educación de las necesidades fisiológicas: retírele el plato de agua después de las 19.00 horas para ayudar al control de la vejiga durante la madrugada. Si está sediento, ofrézcale un cubo de hielo. A partir de entonces lo verá correr al refrigerador cada vez que escuche el sonido de la cubeta.

Al margen de sus numerosos beneficios, no puede abusarse de la jaula. Los cachorros que no llegan a los 3 meses de edad no deben permanecer dentro más de dos horas seguidas, a menos, claro está, que estén durmiendo. La regla general es que tres horas son lo máximo para un cachorro de tres meses, cuatro o cinco para uno de cuatro o cinco meses, y no más de seis horas para los perros de más de seis meses de edad. Si usted no puede estar en casa para soltar a su perro, póngase de acuerdo con un pariente, vecino o con un cuidador canino para que le deje salir a hacer un poco de ejercicio y sus necesidades.

No olvide que cuando se adiestra un cachorro hay que usar el sentido común, además de ser coherente y paciente.

PRIMERAS LECCIONES

Resumen

■ El primer escollo que debe salvar todo dueño es educar al cachorro, enseñándole dónde debe hacer sus necesidades.

■ Nunca castigue al Rottweiler por haber hecho sus necesidades fuera de lugar. Ni siquiera lo regañe, a menos que lo atrape en el acto.

■ Retírele el agua al cachorro después de las 21.00 h para que le ayude a controlar la vejiga durante la madrugada.

■ La jaula es la mejor manera de educar al Rottweiler en sus hábitos de desahogo corporal. Aprenda a usarla y no abuse de ella.

Cuando traiga el cachorro a casa él ya debe estar bien sociabilizado. Estará acostumbrado a la familia, a los extraños, a los ruidos caseros típicos, y los que provienen de la calle no deberán inquietarlo.

La sociabilización del cachorro es muy importante, por eso los buenos criadores dedican tiempo a sociabilizar a sus camadas. Es particularmente favorable que haya niños en la casa. Permita que su perro conozca a los vecinos y que juegue algunos minutos. Sáquelo a dar cortos paseos por lugares públicos donde vea personas y otros perros, y donde pueda oír sonidos extraños. Pero manténgase vigilante porque no todos los canes son siempre amistosos. Mantenga al suyo con la correa corta para poder controlarlo y que no salte encima de nadie.

Comprobará la ventaja que representa tener un perro educado; por eso, algunas órdenes básicas harán de él un mejor

Para el adiestramiento inicial, acostumbre al cachorro a un collar y correa ligeros. Cuando el Rottweiler madure, y se haga más fuerte y mayor, necesitará un collar más grande y una correa más fuerte.

ciudadano canino. Uno de los miembros de la familia debe asistir a un cursillo para cachorros, punto de partida de cualquier otro adiestramiento. Estos cursillos, que suelen durar alrededor de ocho semanas, aceptan perrillos con edades que van entre dos y cinco meses de edad. Cubren enseñanzas básicas, como sentarse, caminar junto al tobillo, echarse y acudir al llamado, o sea, venir. Cada una de estas órdenes entraña ventajas. Las de sentarse y caminar son de gran ayuda durante los paseos. ¿A quién le gusta tener un cachorro caminándole entre las piernas, tirando hacia delante o hacia atrás, en resumen, actuando como un loco? Al perro debe enseñársele a caminar como un caballero, al lado izquierdo del amo, y a sentarse mientras espera para cruzar la calle. La obediencia a la llamada es muy importante en caso de que se escape del patio o rompa la correa y necesite llamarlo para que regrese a su lado. Recuerde, es esencial tener un Rottweiler obediente.

Adiestrar al perro implica decidir cuáles serán las reglas del hogar y ser estrictos a la hora de cumplirlas. ¿Permitirá que su Rottweiler se convierta en un «saco de papas» sobre el sofá o le prohibirá encaramarse sobre los muebles.

El Rottweiler bien adiestrado conoce la rutina diaria: cuándo es hora de salir a pasear y cuándo de hacer las necesidades.

ROTTWEILER

Antes de traerse al perro, es necesario haberle escogido un nombre. ¡No es hora de indecisiones! Es diferente cuando le ponemos nombre a un goldfish (¡que podemos cambiar seis veces antes de quedarnos con el definitivo!). Será necesario usar el nombre del Rottweiller ¡cien veces por día! Muchos criadores consideran que es conveniente elegir un nombre de dos sílabas, como «Marco» o «Lola», para que el perro reconozca el ritmo de su apelativo. Sí, claro, ¡los nombres alemanes son ideales para los Rottweiler! Seguro que no le hará gracia ponerle por nombre «Pedro» u «Óscar» a su orgulloso perro alemán (¡aunque hay quien lo ha hecho!).

Para que el cachorro aprenda su nombre usted debe usarlo cuando le hable, siempre con un tono alegre y entusiasta. Nunca use el nombre para regañarlo

No subestime jamás el poder de la sociabilización. Un cachorro bien equilibrado, que se sienta cómodo en compañía de cualquiera, será mucho más confiable y capaz de aprender más rápidamente.

porque entonces lo asociará con una experiencia negativa (y luego se verá usted gastando miles de euros en un analista canino que intentará curarle una presunta autorrepugnancia de impronta materna, tópico favorito de todos los psiquiatras). Ahora, más en serio, diga cosas como «Bien, Eva, muy bien» o «Heinrich, ¡eres bello!» y «Bien hecho, Ludwig». Una vez que haya conseguido que el cachorro reconozca su nombre, puede comenzar a enseñarle las órdenes básicas.

Empiece siempre sus clases en un entorno tranquilo, libre de distracciones. Cuando ya su cachorro haya dominado un ejercicio, múdese de lugar y practique en otra habitación o en el patio, luego con otra persona u otro perro cerca. Si reacciona ante la nueva distracción y no hace bien el ejercicio, dé un paso atrás, procure que los premios en forma de golosinas sean más estimulantes, y continúe con el ejercicio pero, durante un tiempo, sin la distracción.

Existe un atajo para las órdenes básicas. Si asiste a un cursillo para cachorros o a uno de adiestramiento en obediencia, tendrá ayuda profesional en el proceso de enseñarlas. No obstante, usted y su perro pueden aprender en casa, por su propia cuenta, los ejercicios básicos.

La orden de sentarse

Debe comenzar con este ejercicio. Coloque el perro a su

Se comienza a educar al Rottweiler en los comandos básicos con la orden de sentarse.

izquierda –usted de pie– y dígale con voz firme «Siéntate» mientras le coloca la mano sobre el dorso y lo empuja hacia la posición de sentado. Elógielo, déjelo unos minutos en esta posición, retire la mano, elógielo de nuevo y ofrézcale una golosina. Repita el ejercicio varias veces al día, incluso hasta diez veces, y verá cómo pronto su cachorro entiende lo que usted desea de él. Como cada una de las lecciones de obediencia comienzan y terminan con una nota positiva, utilice la orden de sentarse para empezar y cerrar cada lección.

La orden de quieto

Enseñe a su perro a quedarse en la posición de sentado hasta que usted lo llame. Haga que se siente, y mientras le dice «Quieto» póngale la mano frente a la trufa y aléjese uno o dos pasos, no más, al principio. Después de diez segundos, o algo así, llámelo. Si se levanta antes de que usted le dé la orden haga que se siente otra vez y repita la orden de quieto. Cuando se quede sentado hasta que usted le llame (recuerde que al principio el lapso debe ser muy corto), elógielo y ofrézcale una golosina. A medida que vaya aprendiendo la orden, incremente el espacio que lo separa de él y también el tiempo durante el cual debe permanecer quieto.

La orden de quieto puede usarse en cualquier posición y practicarse después del ejercicio de sentado o de echado. Del mismo modo, los entrenadores de perros de exposición utilizan esta orden para mantener al perro de pie (o posando), como se requiere en el *ring* de exposición.

El ejercicio de caminar

Coloque al perro a su izquierda, con la correa puesta, y enséñelo a caminar con usted. Si embiste hacia delante, dele un rápido tirón a la correa y diga firmemente «¡No!». Entonces continúe caminando, elogiándolo siempre que avance junto a usted disciplinadamente, y haciendo restallar la correa cada vez que tire de ella, mientras le dice: «¡No!». Pronto aprenderá que es más fácil y agradable caminar a su lado. No le permita nunca embestir a las personas que pasan por su lado.

Debe enseñar a caminar al Rottweiler cuando todavía es jo-

El quieto/sentado se completa con una orden verbal y haciendo con la mano el signo de detenerse para indicar al perro que debe permanecer en esa posición.

ven y ligero. Si no, le será muy difícil, cuando no imposible, pasear con el perro no adiestrado por el barrio donde vive, y menos alrededor del *ring* en una exposición canina. El ejercicio de caminar es esencial para los perros mascota y para los de exposición, por eso todos los Rottweiler deben estar adiestrados para obedecer éste, el más simple de todos los ejercicios.

La orden de echarse

Probablemente ésta será la más complicada de enseñar entre las cinco órdenes básicas. Coloque al perro en la posición de sentado, arrodíllese cerca de él, póngale la mano derecha ba-

jo las patas delanteras y la mano izquierda sobre la cruz. Mientras le dice «Échate», empújele suavemente las patas delanteras hacia la posición de echado. Una vez que haya asumido la posición, háblele con cariño, acaríciele el dorso para que se sienta cómodo y elógielo.

El ejercicio de la llamada (venir)

Practique siempre esta orden con el perro sujeto por la correa. No puede permitirse el lujo de fallar porque entonces el cachorro aprenderá que no tiene que venir cuando se le llama; hay que enseñarlo de manera que no falle en cumplir la orden.

A los Rottweiler no les gustan las posturas de sumisión, como la de echarse. Apoye y estimule al suyo usando golosinas y elogios, mientras lo ayuda a asumir la posición.

Todos los perros deben saber caminar con la correa, pero es aún más importante con uno grande como el Rottweiler. Pasear a un perro tan fuerte sería imposible si se le permitiera tirar de la correa y arrastrar al amo adonde él quisiera.

Una vez que haya conseguido captar su atención, llámelo desde una corta distancia diciéndole: «Perrito, ¡ven!», y cuando lo haga dele una golosina. Tome y sostenga suavemente el collar con una mano mientras con la otra le da la golosina. Esto es importante porque eventualmente eliminará la golosina y se apoyará sólo en el elogio manual. Esta maniobra también conecta el hecho de sostener el collar con el de venir y recibir golosinas, lo que le favorecerá en incontables comportamientos futuros. Repita el ejercicio de diez a doce veces, dos o tres veces al día. Una vez que el cachorro haya dominado la orden de venir, continúe practicándola diariamente para imprimir en su cerebro infantil este comportamiento tan importante.

La perfección se alcanza con la práctica

La práctica diaria de la obediencia es otra regla vitalicia. Los perros, perros son, y si no les conservamos las habilidades aprendidas, volverán a sus comportamientos desatentos y chapuceros, que serán entonces más difíciles de corregir. Incorpore estas órdenes básicas a su rutina diaria y su perro seguirá siendo un caballero del cual podrá usted sentirse orgulloso.

Haga que las sesiones de adiestramiento sean cortas –no más de diez minutos al principio–, para que su cachorro no se aburra o pierda el entusias-

Cuando su Rottweiler oiga que usted le llama, debe dejar cualquier cosa que esté haciendo e ir a su encuentro.

mo. Con el tiempo, será capaz de concentrarse durante períodos de tiempo más largos. Esté al tanto de cualquier signo de aburrimiento o pérdida de atención. Varíe los ejercicios para mantenerle el entusiasmo a un alto nivel. Haga que las clases sean siempre positivas y alegres. Use mucho elogio, elogio y ¡más elogio! No adiestre nunca a su cachorro o perro adulto si está usted de mal humor. Perderá la paciencia, él pensará que es culpable, y eso revertirá todo el progreso que hayan alcanzado.

Una gran parte del adiestramiento consiste en paciencia, persistencia y rutina. Enséñele cada una de las órdenes siempre de la misma manera y no pierda la paciencia, porque entonces el perro no va a entender qué es lo que está usted haciendo; no olvide premiarlo siempre que ejecute correctamente las órdenes. Los cachorros de Rottweiler aprenden muy rápido todos estos comandos. Cuando sus amigos vengan de visita para cenar, apreciarán que tenga usted un perro bien educado que no les salte encima ni se les encarame en el regazo mientras están disfrutando sus cócteles.

EDUCACIÓN INICIAL

Resumen

■ Aprender cuando es un cachorro de corta edad, le pone en contacto con otras personas y perros y le enseña a usted cómo instruir a su perro.

■ Elija un nombre para el cachorro ¡y úselo! El reconocimiento del nombre es importante en el adiestramiento.

■ Las órdenes básicas incluyen venir, sentarse, quedarse quieto, echarse y caminar.

■ Practique diariamente con el Rottweiler para que haga bien las cosas el cien por cien de las veces. Su disciplina ante las órdenes básicas es esencial tanto para su seguridad como para su buen comportamiento.

Cuidados domésticos

En todas las casas donde haya una mascota debe existir un botiquín de primeros auxilios.

Puede adquirir todos los artículos de una vez, pero es casi seguro que los irá añadiendo paulatinamente a la caja (lo que generalmente se usa) a medida que los vaya necesitando. He aquí algunos de los más útiles:

• Alcohol para limpiar heridas.
• Ungüentos antibióticos para curarlas.
    • Limpiadores oculares para cuando el perro tenga algo en los ojos o simplemente necesite limpiárselos, si están irritados.
    • Pinzas para extraer garrapatas, espinas y astillas.
    • Polvo estíptico para detener la sangre cuando le recorte demasiado una uña.
• Termómetro rectal.
• Calceta de nailon para usarla como bozal en el caso de que su mascota resulte malherida.

Muchos de estos artículos pueden obtenerse a precios

La identificación correcta es indispensable. Junto con el collar y la chapa de identidad tradicionales, considere un modo de identificación más permanente como el tatuaje, que nos muestra la foto, en la oreja del cachorro, o el microchip.

bastante módicos en la farmacia local.

Cuando el perro ya sea adulto, y si está sano, sólo necesitará hacer una visita anual a la clínica veterinaria para someterlo a un reconocimiento general y la reactivación de las vacunas. El veterinario probablemente aprovechará la oportunidad para examinarle los dientes y, tal vez, raspárselos. Usted también puede comprar instrumental dental y limpiarle los dientes en casa. Coloque al perro sobre la mesa de acicalado con la cabeza inmóvil y comience a rasparle suavemente el sarro de los dientes. Algunos animales se dejan pero otros no. Si le da una golosina por las noches a la hora de dormir ayudará a controlar la acumulación de sarro.

Puede que el veterinario también le vacíe las glándulas anales, si lo considera necesario. Exprimirlas no es la más grata de las tareas, además del fuerte olor, así que a lo mejor usted prefiere dejarle la tarea al médico en los chequeos anuales. Hay ocasiones en que estas glándulas pueden congestionarse y, para limpiarlas, habrá que recurrir a la cirugía.

Puede que a su Rottweiler le dé por oler las flores, y si es así, ¡ojalá que no se tope con ningún insecto disgustado ante tanta curiosidad! Infórmese sobre la manera de actuar en situaciones de primeros auxilios, como picaduras de abejas y otros insectos.

Los dientes de leche del cachorro serán sustituidos eventualmente por los permanentes. Durante la dentición, revísele regularmente la boca para comprobar que los primeros dientes se están cayendo y los nuevos saliendo.

A estas alturas ya usted conoce bien a su perro, sabe cuánto come, cuánto duerme y cuán rudo es al jugar. Como nos ocurre también a nosotros, puede que alguna vez rechace la comida o parezca estar enfermo. Si ha tenido náuseas y/o diarreas durante 24 ó 36 horas o si ha estado bebiendo demasiada agua durante los últimos cinco o seis días, es necesario llevarlo al veterinario. Concierte una cita y explique a la recepcionista el motivo por el cual desea llevar su perro a la consulta inmediatamente.

El veterinario le hará las siguientes preguntas:

• ¿Cuándo hizo su última comida normal?

• ¿Durante cuánto tiempo ha tenido diarrea o vómitos?

• ¿Ha comido algo en las últimas 24 horas?

• ¿Pudo haberse comido un juguete, un trozo de tela o cualquier otra cosa poco usual?

• ¿Está bebiendo más agua de lo habitual?

El veterinario lo examinará, le tomará la temperatura y el pulso, lo auscultará, le explorará el abdomen para comprobar si hay algún bulto en el estómago, comprobará el color de sus dientes y encías, además de revisarle los ojos y las orejas. Probablemente, le hará también algunos análisis de sangre.

Al final del reconocimiento, puede que le recete algunos antibióticos y le permita llevarse el perro a casa, que le tome algunas radiografías, o que decida mantenerlo en observación por una noche. Siga las instrucciones del veterinario y verá como es casi seguro que su perro volverá a la normalidad en uno o dos días. Mientras tanto, aliméntelo con comidas ligeras y manténgalo tranquilo, quizás confinado en su jaula.

Los parásitos pueden constituir un problema y hay algunos de ellos ante los cuales debe estar alerta. Las filarias son potencialmente mortales, y los perros se encuentran más expuestos a ellas en ciertas regiones del país. Las filarias o gusanos del corazón se multiplican mucho y llegan a envolver el corazón del perro. Si el animal no recibe tratamiento, finalmente morirá. Cuando llegue la primavera pre-

Esté especialmente atento al bienestar del perro en días cálidos. Lleve agua adondequiera que vaya, déjelo beber con frecuencia y garantícele lugares sombreados.

gunte al veterinario si su perro debe ser sometido a análisis para detectar la presencia de filarias. Si le dice que sí, llévelo a la clínica, donde le harán el análisis correspondiente para saber si tiene o no el parásito, y le administrarán un medicamento contra éste. Esto es importante, sobre todo si usted vive en zonas donde proliferan los mosquitos.

Las pulgas son también un problema, pero especialmente en las regiones más cálidas del país. Puede adquirir un talco o un collar antipulgas en la tienda para mascotas o preguntar a su veterinario qué le sugeriría utilizar. Si sospecha que su perro tiene pulgas, acuéstelo de lado, separe el pelo de la piel y observe si hay bichitos saltando, brincando o deslizándose dentro del pelaje.

Las garrapatas son más frecuentes en las áreas boscosas. Las garrapatas son pequeñas al principio y oscuras, y les gusta aferrarse a las partes más cálidas de las orejas, las axilas, los pliegues faciales, etc. Mientras

Las garrapatas son más abundantes en las áreas donde hay muchos árboles. Representan un peligro para las mascotas y también para las personas, ya que pueden transmitir enfermedades graves como la de Lyme y la fiebre moteada de las Montañas Rocosas.

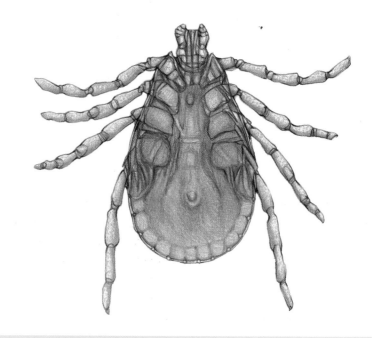

más tiempo permanecen en el perro, más crecen, porque se alimentan de su sangre, hasta llegar al tamaño de un real. Tome sus pinzas y extraiga cuidadosamente las garrapatas, asegurándose de no dejar las

rinario. El dueño bien informado está más preparado para criar un perro sano. Pregunte siempre al veterinario qué vacunas o medicamentos está administrando al perro y para qué son. Tenga una libreta o diario

Los cachorros necesitan tiempo para el descanso, pero si están letárgicos hay alguna anormalidad. Si el suyo parece carente de energía o desinteresado en el juego, es hora de llevarlo al veterinario para saber cuál es el problema.

tenacillas del parásito en la piel del perro. Inmediatamente arrójelas al retrete y tire agua, o encienda un fósforo y aniquílelas. Aplique alcohol sobre la herida y algún ungüento antibiótico.

Al encarar problemas de salud, permita que le guíen el sentido común y un buen vete-

del perro y recoja en él todos los datos que tengan que ver con su salud, para que no los olvide. Créame, se le olvidarán.

Afortunadamente, la comunidad veterinaria de la actualidad está dedicada a los cuidados preventivos a la vez que trata a los animales ya enfermos. La Asociación Médica Veterinaria Holística de Estados Unidos y otros grupos especializados ofrecen ahora técnicas de acupuntura, remedios con hierbas, homeopatía y otras terapias alternativas, además de los tratamientos tradicionales y los preventivos. Muchos dueños de mascotas de hoy incorporan ambas filosofías a los programas de salud de sus perros. Usted puede aprender más acerca de las disciplinas alternativas de cuidados naturales leyendo libros o buscando en Internet, y también hablando con los veterinarios que han experimentado con la medicina holística.

Los reconocimientos médicos que se hacen al perro son la base de los cuidados preventivos de salud, por eso debe llevar a su Rottweiler anualmente al veterinario. Y lo más importante, esta visita anual mantiene al médico al tanto de los progresos

El pecho profundo del Rottweiler le predispone a una condición potencialmente letal, llamada torsión gástrica o timpanitis, como también se le conoce. Este mal está directamente relacionado con los métodos de alimentación y ejercicio; se puede prevenir tomando precauciones diarias. Pregunte al veterinario cómo proteger a su perro.

sanitarios del perro, además de que el examen manual pone al descubierto en ocasiones pequeñas anormalidades externas o internas que usted no puede ver o palpar.

En el ínterin, la salud del Rottweiler está en sus manos. Vigile cualquier cambio en su conducta o apariencia. Considere lo siguiente:

¿Se ha puesto súbitamente flaco o gordo? ¿Los dientes están limpios y blancos, o necesitan tratamiento contra el sarro? ¿Está orinando con más frecuencia, tomando más agua? ¿Hace fuerza a la hora de defecar? ¿Ha cambiado en algo su apetito? ¿Parece como si le faltara el aire, está letárgico, cansado en exceso? ¿Lo ha visto cojear, o ha notado señales de rigidez articular? Éstos son algunos signos que evidencian serios problemas de salud y debe informar de ellos al veterinario tan pronto como se presenten. Es especialmente importante en el caso de los perros viejos, porque cualquier cambio sutil puede ser indicio de algo serio. Lo esencial es que usted conozca a su perro para que pueda detectar cuándo no se está comportando normalmente.

CUIDADOS DOMÉSTICOS

Resumen

■ Tenga un botiquín de primeros auxilios caninos bien equipado, y prepárese para enfrentarse a cualquier caso de emergencia.

■ Sea sistemático llevando al perro al veterinario. Los perros sanos van a la consulta anualmente para un chequeo integral.

■ En el intervalo entre una consulta y otra, usted es el dentista de su perro.

■ Reconozca los signos de enfermedad y vaya inmediatamente al veterinario.

■ Aprenda sobre parásitos y cómo controlarlos.

Alimentación del Rottweiler

La nutrición del cachorro es realmente muy fácil.

Las compañías productoras de comidas para perros tienen contratados a muchos científicos y gastan enormes cantidades de dinero en investigaciones para saber cuál es la dieta más saludable para los perros. El criador del suyo debe haber estado alimentándolo con una comida para cachorros de primera calidad y usted debería continuar usando la misma marca. Cuando crezca, cambiará para una fórmula destinada a perros adultos, pero dentro de la misma marca. No añada vitaminas ni otra cosa a la comida, a menos que su veterinario se lo indique. No crea que cocinándole una comida especial conseguirá un producto más nutritivo que el que las compañías productoras de comidas caninas le están proporcionando.

Es probable que le esté dando al cachorro tres comidas diarias y quién sabe si hasta

Los perros adultos requieren una dieta diferente a la de los cachorros. El criador y el veterinario pueden aconsejarle acerca de la edad adecuada para hacer el cambio, así como para hacer otras modificaciones en cuanto a la frecuencia de las comidas, cuando el Rottweiler vaya alcanzando la madurez.

cuatro. Cuando empiece a crecer, dele dos, una por la mañana y otra por la tarde. A los ocho meses de edad, empiece con una comida para perros adultos. Puede revisar lo que dice la bolsa de alimento para que sepa la cantidad que debe darle según el peso. Al granulado seco es conveniente añadirle un poco de agua, para humedecerlo, y también puede añadirle una o dos cucharadas de alguna comida canina enlatada para darle sabor. Evite darle «comida de personas», golosinas y cosas como el chocolate y las cebollas, que son tóxicas para los perros. Al suyo le encantará saborear una golosina de vez en cuando. Deje que la carne le cubra bien las costillas, pero no le permita convertirse ¡en un gordo! Aunque mientras más activo sea el perro, más calorías necesita. Siempre téngale puesta agua fresca. Puede usar un recipiente con agua en la cocina y otro fuera, en el patio.

La timpanitis, que consiste en la torsión del estómago de manera que no deja entrar ni salir nada, puede aniquilar a un

¡A comer! Este hambriento cachorro parece estar listo para la cena.

Un juguete adecuado para morder, después de las comidas, ayuda a reducir el sarro y favorece la salud dental. Algunos están diseñados con protuberancias para dar masaje a las encías caninas y raspar los dientes al perro mientras los roe.

Alimentación del Rottweiler

perro en poco tiempo. Esta condición está relacionada con los hábitos alimenticios, de comida y ejercicio; se presenta con mayor frecuencia en las razas de pecho profundo como el Rottweiler. Algunas de las medidas preventivas son elevarles los re-cipientes, restringirles el ejercicio en las horas que preceden y siguen a las comidas e impedir que engullan el agua o el alimento. Pida al veterinario que le facilite una lista detallada de las precauciones y los síntomas de este mal.

El perro siempre debe tener a su disposición un recipiente con agua fresca y limpia. Esto es tan importante para su salud como la nutrición adecuada.

Hay recipientes diseñados para engancharlos en la jaula, aunque dar agua o comida al cachorro dentro de ella no es aconsejable, hasta que haya sido adiestrado en sus hábitos de desahogo.

ALIMENTACIÓN DEL ROTTWEILER

Resumen

■ La vía más conveniente y confiable de proporcionar al Rottweiler una nutrición completa es ofrecerle una comida canina de óptima calidad apropiada para la etapa correspondiente de su vida.

■ Analice con el veterinario y/o el criador la cantidad de alimento que debe dar al Rottweiler, el programa de comidas diarias y cómo efectuar los cambios cuando madure.

■ La timpanitis es un problema grave que afecta a los perros de pecho profundo. Se relaciona con los hábitos de alimentación y comida y puede prevenirse.

■ La salud de su Rottweiler descansa en una dieta adecuada.

Acicalado del Rottweiler

Antes de hacerse con un Rottweiler, debe entender que su perro necesita cierto acicalado, además de mantenerse limpio.

No obstante, una de las grandes ventajas de esta raza es que requiere un mínimo de arreglo, a diferencia del Caniche o cualquier otra de pelo.

Para conservarle el pelo brillante y limpio, recomendamos un cepillo de cerdas entre suaves y ligeramente duras. Por lo general, un cepillado semanal será suficiente; el cepillo adecuado puede adquirirlo en la tienda para mascotas más cercana. Esos guantes que se ajustan a la mano, y que son lisos por un lado y tienen suaves dientes de alambre por la otra, funcionan de maravilla con el Rottweiler. Cuando mude el manto, lo que generalmente ocurre en primavera, puede que necesite un peine o rastrillo para eliminar el pelo suelto. Claro que cuando el perro esté muy sucio, es recomendable

Acostumbre al cachorro al cepillado acariciándole suavemente con un cepillo de cerdas suaves o una rasqueta.

darle un baño, pero a menudo bastará con pasarle un paño húmedo para mantenerlo limpio. El baño frecuente reseca la piel y el pelaje caninos, porque los despoja de importantes aceites. En general, se recomiendan dos baños anuales, uno en primavera y otro en otoño.

Es importante cortarle las uñas, por eso lo mejor es comenzar a hacerlo en la primera semana de su estancia en casa. Compre un buen cortaúñas para mascotas. También sería conveniente adquirir un lápiz estíptico, por si alguna vez recorta demasiado una uña y comienza a sangrar. Si las uñas de su perro son claras, apreciará fácilmente el vaso sanguíneo que corre por su interior. Es más difícil verlo en las uñas oscuras y, hasta que no gane experiencia, puede dañarlo al intentar el corte. Si no pone en práctica el procedimiento cuando el perro es cachorro para que se acostumbre a él, tendrá grandes dificultades para llevarlo a cabo cuando sea más grande, pesado y difícil de aguantar.

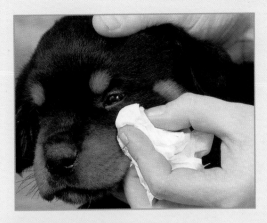

Las manchas de lágrimas y la suciedad que se acumula alrededor de los ojos puede limpiarse suavemente con la ayuda de un paño húmedo.

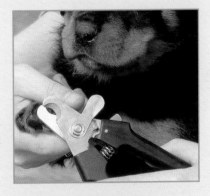

Lo mejor es acostumbrar al Rottweiler al corte de uñas desde cachorro, porque si él no coopera será muy difícil que pueda hacérselo cuando sea adulto.

Si le proporciona golosinas o galletas duras hechas para perros o huesos que pueda roer, sólo tendrá que limpiarle los dientes una vez al año en la consulta veterinaria. Durante los 364 días restantes, usted ha de ser el dentista de su Rottweiler. Compre un cepillo y pasta dental caninos en la tienda para mascotas. No use cremas dentales para humanos porque puede deteriorar los dientes del perro. Acostúmbrelo al cepillado desde pequeño; luchar con un Rottweiler adulto esgrimiendo un cepillo dental en la mano se convertirá rápidamente en

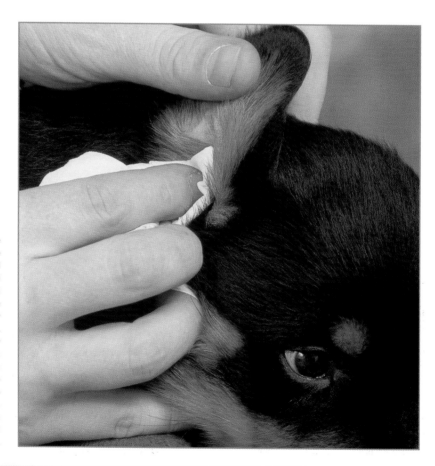

En cada sesión de acicalado, revise las orejas del perro para ver si están sucias, si hay señal de ácaros o cualquier otro problema. Límpielas, de ser necesario, con la ayuda de una mota de algodón o con un paño mojado en una solución preparada al efecto.

una fenomenal contienda de la cual ¡usted siempre saldrá perdiendo!

En resumen, el Rottweiler es un perro «wash and wear» (lavar y usar)... fácil de acicalar. Cepíllelo, por lo menos, una vez a la semana, córtele las uñas una vez al mes, lávele los dientes más o menos semanalmente y pásele un paño húmedo cada vez que lo necesite. Revísele las orejas por si tiene ácaros o mal olor; límpieselas con un paño untado en una solución de peróxido de hidrógeno y vinagre blanco. Báñelo sólo cuando sea necesario. Así tendrá un perro bonito ¡que tendrá orgullo de enseñar a todos!

ACICALADO DEL ROTTWEILER

Resumen

■ Aunque es fácil de acicalar y mantener acicalado, el mantenimiento adecuado del pelaje es parte esencial del programa integral de salud del Rottweiler y debe iniciarse cuando el cachorro es pequeño.

■ El dueño del Rottweiler debe ocuparse también de los dientes y uñas de su perro.

■ Sólo tendrá que bañar al Rottweiler ocasionalmente, porque los baños frecuentes son perjudiciales para la piel y el pelaje.

■ Sólo necesitará un equipo básico para el acicalado: un cepillo, un rastrillo para la subcapa de pelo, un cortaúñas, polvo estíptico, limpiadores auriculares, algodoncillos y productos dentales para perros.

Cómo mantener activo al Rottweiler

Muchos dueños y sus perros van en busca de retos, y hay numerosas actividades capaces de mantenerlos verdaderamente ocupados, activos e interesados.

Los Rottweiler pueden destacarse en incontables faenas gracias a su inteligencia, voluntad de complacer, tenacidad y atletismo. Después de cursar el programa de adiestramiento básico para cachorros que existe en muchos países, puede que le interese preparar al suyo para el premio al Buen Ciudadano Canino. Cuando se termina con éxito este programa, el perro se comporta educadamente en casa, en lugares públicos y con sus congéneres. Este tipo de cursillo está abierto para los canes en general (sean o no de pura raza), de cualquier edad, y resulta divertido y útil para la vida diaria. Cubre diez etapas que incluyen: aceptar un extraño amistoso, sentarse disciplinadamente para ser acariciado, aceptar que un desconocido le

Algunos Rottweiler usados para el pastoreo son perros de granja y, como tales, entran en contacto con toda clase de interesantes amigos.

acicale y examine ligeramente; caminar con la correa floja, venir cuando se le llama, mantener la calma frente a otro perro, responder ante distracciones, echarse a la orden y permanecer tranquilo durante tres minutos cuando su dueño está fuera de la vista. Después de completar el curso con éxito, su Rottweiler recibirá un certificado que le acredita como Buen Ciudadano Canino.

Una vez completado el adiestramiento básico, ya sea en casa o en un cursillo, puede interesarle progresar hacia el adiestramiento como deporte. La obediencia es un antiguo deporte donde los Rottweiler descuellan. Los campeonatos se celebran solos o junto a exposiciones de conformación. Hay muchos niveles. El primero es el de Novicio, donde después de completar tres «pasos» se obtiene el título de Perro Compañero. Los otros niveles van ganando en dificultad: el segundo es el Abierto, donde después de completar exitosamente otros tres pasos, el perro gana el título de Perro Compañero Excelente. La próxima clase es Utilidad, que

La exposición de conformación es quizás el tipo más popular de competencia canina que involucra a todas las razas.

¿Es el Rottweiler un cobrador acuático? ¡Nunca se sabe! Intente diferentes actividades para ver con cuál disfruta su versátil Rottweiler.

incluye trabajo sin correa, señales manuales silenciosas y recoger una palanqueta en particular dentro de un grupo de ellas. No son muchos los canes que alcanzan este nivel, por lo que ganar el grado de Perro de Utilidad resulta un gran triunfo tanto del perro como de su dueño.

El Circuito de Agilidad (Agility) comenzó en Inglaterra y es un deporte relativamente reciente en Estados Unidos; puede verse fácilmente en las exposiciones caninas. Localice la mayor y más bulliciosa de las pistas, con presentadores y perros corriendo a través de un circuito de obstáculos mientras los emocionados espectadores observan desde fuera y los aclaman y estimulan con sus gritos.

En el adiestramiento del Agility, a los perros se les enseña a remontar un circuito que incluye barreras, escaleras, saltos y otros desafíos. Hay varios grados en esta competencia, en dependencia de los obstáculos que el perro sea capaz de superar, de su velocidad y precisión. Se define este deporte como: «El goce de unir comunicación, entrenamiento, rapidez, precisión

Subiendo y bajando la tabla en forma de A, uno de los obstáculos del Circuito de Agilidad.

El ágil Rottweiler efectuando con destreza un salto con barra.

y simple disfrute en un juego esencialmente hecho para usted y su perro». Además, proporciona mucho ejercicio para ambos, dueño y perro.

El grado máximo es el Perro Compañero Versátil, título que otorga reconocimiento a aquellos perros y presentadores triunfadores en múltiples deportes caninos. Para destacarse en cualquiera de las actividades arriba mencionadas, es esencial pertenecer a un club que tenga las instalaciones y equipos necesarios para practicar. Localice una buena escuela dentro de su área y, antes de matricularse, asista a clases como espectador. Si le gusta la instalación, el instructor

y el tipo de entrenamiento, inscriba a su perro para la próxima serie de lecciones. Generalmente, las clases se imparten dos veces a la semana.

Los deportes caninos se han hecho tan populares que no debe ser difícil localizar una instalación de entrenamiento. Ya verá qué gran experiencia será trabajar con su perro y conocer personas con las cuales comparte intereses comunes. Todo ello demanda tiempo y atención de su parte, así como un perro dispuesto a trabajar en el otro extremo de la correa.

Los ejercicios de obediencia incluyen la devolución de una palanqueta o barra de madera. El Rottweiler se sienta y espera el lanzamiento.

El tiro de carretas se remonta a los primeros tiempos del Rottweiler en Alemania, cuando tiraba de los carros que transportaban la leche, la carne y otros productos al mercado. Si tiene ambiciones, puede fabricar usted mismo un ingenioso carro para su perro donde los niños puedan pasear un poco. Es importante que consiga el arnés adecuado para esta actividad. De nuevo, le sugerimos que se dirija al club especializado de la localidad para que le informen dónde puede adquirirlo.

El Schutzhund es otro deporte para el cual son aptos los Rottweiler. Tuvo sus comienzos en Alemania y demanda lo máximo del perro. No se trata de perros de ataque, como algunos piensan, sino de un adiestramiento que parte de su coraje, inteligencia y temperamento equilibrado. Cuando uno se inicia con su perro en este deporte, es absolutamente esencial asistir a un curso serio con entrenadores calificados.

Claro que la manera más fácil de mantener a su perro activo y en buenas condiciones

El adiestramiento en Agility puede comenzarse cuando el perro ha alcanzado alrededor de un año de edad. En la foto, un Rottweiler aprende a hacer equilibrios sobre el paso elevado.

físicas es sacarlo de paseo cada mañana y cada tarde, ¡lo que también será bueno para usted! El perro será feliz si juega con él. Lanzarle una pelota o forcejear con medias anudadas resulta siempre muy divertido para el cachorro o perro adulto. Los Rottweiler tienen mandíbulas y dientes fuertes, así que necesita conseguirle los mejores juguetes de goma a fin de que resistan más de dos sesiones de juego. Nunca le dé una pelota o juguete lo suficientemente pequeño como para que pueda tragárselo porque, al igual que un niño, lo hará, y la consecuencia será un costoso viaje al veterinario.

Los Rottweiler son perros de trabajo a los que les deleita tener algo que hacer. En la exposición nacional especializada del Club Rottweiler en algunos países se ofrecen a la

El Rottweiler regresa con la palanqueta en la boca para entregársela al dueño en la mano.

raza las siguientes actividades, además de la competencia de conformación: pruebas de obediencia, rastreo, pastoreo y agilidad; rastreo sobre superficies variables y competencias de tiro de carretas. Son pocos los clubes especializados nacionales que ofrecen tantas actividades donde pueda mostrarse lo versátil que es el Rottweiler.

Si se decide a enrolarse con su Rottweiler en el adiestramiento de Schutzhund, debe disponer del equipamiento adecuado y contar con la asistencia de un entrenador profesional experimentado en tal disciplina.

CÓMO MANTENER ACTIVO AL ROTTWEILER

Resumen

■ La actividad más elemental para el Rottweiler son los paseos diarios y la posibilidad de correr libremente en áreas bien seguras y cercadas. Los paseos diarios refuerzan ese lazo tan especial que se crea entre dueño y perro.

■ Considere matricularse en un cursillo de obediencia para dar a su Rottweiler otra posibilidad de expresar sus talentos.

■ Las exposiciones caninas, así como las competencias de obediencia y agilidad, son foros excelentes tanto para el perro como para su dueño.

■ El Rottweiler tiene la capacidad para participar en eventos de pastoreo, además de que también está preparado para el entrenamiento de Schutzhund y el de tiro de carros.

■ Los dueños de Rottweiler son afortunados por tener una raza tan versátil, capaz de servir para una amplia variedad de propósitos.

El Rottweiler y el veterinario

U n asunto importante que debe atender antes de traer el cachorro a casa es encontrar un buen veterinario.

Si el criador vive en su misma zona puede recomendarle alguno, de lo contrario, tendrá que encontrar usted mismo alguno que le guste y le inspire confianza.

Entre las cosas a tener en cuenta a la hora de buscar un veterinario es que no viva a más de veinte kilómetros de su residencia. Busque uno cuya personalidad le guste y cuya capacidad y habilidades profesionales con el Rottweiler le ofrezcan confianza. Visite la consulta y observe si está limpia y huele bien. Está en todo su derecho de revisar las tarifas antes de fijar una cita con el veterinario; por lo general, ha de solicitar su turno con anticipación. Si le ha gustado la consulta, solicite la tarjeta de presentación de la clínica para que tenga el teléfono y el nombre del veterinario que ya

Una de las primeras cosas que hará con el cachorro es llevarlo al veterinario para que le hagan un reconocimiento completo y lo sometan a un programa de vacunaciones.

lo trató. Procure ver siempre al mismo médico porque ya conoce la historia del perro, y así éste llegará a familiarizarse con él.

Pregunte si la clínica tiene servicio de emergencia y, en caso contrario –porque ya muchas no lo tienen– indague el nombre, la dirección y el teléfono del servicio veterinario de emergencias del área donde reside, y consérvelo junto al de su veterinario.

Acuda a la primera consulta con la documentación que el criador le entregó sobre las vacunas que se le han puesto al cachorro, así el médico sabrá qué vacunas deberá administrarle. También puede llevar muestras de heces fecales para que le hagan un análisis parasitario.

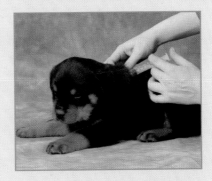

Lleve los documentos de salud que le dio el criador para mostrárselos al veterinario, así él podrá saber qué vacunas ya tiene puestas el cachorro y cómo continuarlas.

Vacunas

Las vacunas son variables, ya que una sola inyección puede contener cinco, seis, siete e incluso ocho vacunas. Muchos criadores y veterinarios consideran que algunas de ellas son innecesarias y pueden comprometer negativamente el in-

Usted desea un veterinario que sea amable, que tenga experiencia con el Rottweiler y con el cual el cachorro se sienta tranquilo.

maduro sistema inmune del cachorro.

Las vacunas recomendadas con mayor frecuencia son las que protegen al perro y al cachorro contra las enfermedades más peligrosas. Éstas son la del moquillo (moquillo canino virus-CDV), fatal en cachorros; el parvovirus canino (CPV o parvo), enfermedad altamente contagiosa y también fatal para los cachorros y perros en riesgo; la adenovirosis canina (CAV2), también muy contagiosa y de elevado riesgo para los cachorros menores de cuatro meses de edad; la hepatitis canina (CA1), en extremo contagiosa y de gran riesgo para los cachorros, y la rabia, que puede ser fatal.

Las vacunas de rutina que ya no se recomiendan en algunos países, excepto cuando hay riesgo presente, son la parainfluenza, la leptospirosis, el co-

Anime al cachorro durante las primeras visitas al veterinario. Los elogios y las recompensas comestibles le ayudarán a relacionar la consulta con cosas agradables.

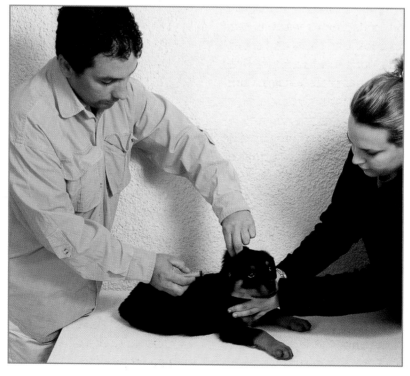

ronavirus canino, la bordetella (tos de la perrera) y la enfermedad de Lyme (borreliosis). Estas enfermedades no se consideran fatales ni de alto riesgo. Su veterinario le alertará sobre la incidencia que puedan tener en su localidad o vecindario para que pueda inmunizar a su perro convenientemente.

La vacunación anual, que ha sido la práctica común durante décadas, está siendo cuestionada. Se han revisado las pautas de inmunización, y lo que se recomienda hoy es vacunar cada tres años. Esta pauta está refrendada por muchas asociaciones veterinarias profesionales. Conscientes de las nuevas pautas, se sugiere además que, cuando estén planificando un programa de vacunaciones, los veterinarios y los dueños de perros consideren las necesidades individuales de inmunidad. En la actualidad, muchos dueños realizan pruebas de análisis volumétrico a sus perros para comprobar el estado de sus anticuerpos, en lugar de vacunarlos automáticamente contra el parvo o el moquillo.

La conducta más prudente y sabia es administrar una sola

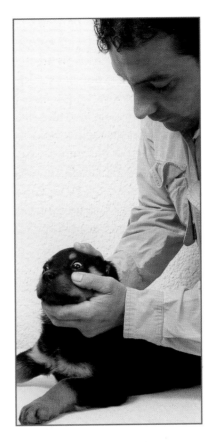

El veterinario examinará los ojos del cachorro para cerciorarse de que están claros y sanos. Todos los cachorros deben provenir de padres que hayan sido sometidos a análisis y declarados negativos en las pruebas de desórdenes oftalmológicos con origen genético.

vacuna en cada visita al veterinario en lugar de dos o tres (por ejemplo, una reactivación, además de la vacuna contra la rabia u otra) al mismo tiempo. Esto implica llevar al cachorro o al perro adulto más veces a la consulta, pero la salud del sistema inmune de su perro bien vale el tiempo empleado.

El Rottweiler y el veterinario

En España es competencia de las comunidades autónomas la obligatoriedad o no de la vacunación contra la rabia. Durante muchos años esta vacuna ha estado disponible en dosis anuales o trienales. Ambas ofrecen la misma protección, así que ¿por qué vacunar anualmente? Indague si las ordenanzas estatales consideran legal la vacuna trienal en su zona de residencia.

La parvovirosis canina, que en determinado momento fue un gran flagelo para los Rottweiler, se manifiesta con fiebre, vómitos y diarreas. Es mortal para los cachorros y puede diseminarse muy fácilmente por vía fecal. La vacuna resulta muy efectiva en cuanto a prevención. Hubo una época en que el moquillo era el azote de la cría de perros de raza, pero con la adecuada inmunización y manteniendo limpio el cubil de los cachorros, no representa en la actualidad un problema para los criadores serios. La hepatitis canina, muy rara en Estados Unidos, es una infección grave del hígado causada por un virus. La leptospirosis es una enfermedad infrecuente que afecta los riño-

nes; es rara en los cachorros jóvenes y se presenta sobre todo en los perros adultos.

Consideraciones de salud

El Rottweiler es un perro relativamente saludable, pero debe estar al tanto de los problemas con los que se enfrenta la raza. Uno de máxima importancia, en ésta y en la mayoría de las razas grandes, es la displasia de cadera, enfermedad hereditaria que se presenta cuando la cabeza del fémur (el hueso del muslo) no se ajusta bien en el acetábulo de la cadera y no hay suficiente masa muscular para mantener unida la articulación. A menudo, es muy dolorosa para el animal y le hace cojear o moverse con gran dificultad. Los tratamientos varían desde la terapéutica hasta la cirugía, dependiendo de la gravedad del problema.

Todos los Rottweiler que se usan en la reproducción deben tener caderas normales, lo que se detecta mediante radiografías que deben estar aprobadas por la Orthopedic Foundation for Animals (Fundación Ortopé-

¿Qué se oculta en la hierba y puede encontrar hospedaje en el pelaje de su Rottweiler? Revise el manto de su perro siempre que haya estado al aire libre, y aproveche las sesiones de acicalado para inspeccionarlo y descubrir posibles protuberancias, quistes, parásitos y otros problemas.

dica para Animales, OFA). En los Rottweiler también se presenta la displasia del codo, igualmente hereditaria. En este caso, también deben tomarse radiografías antes de cruzar a los animales, y si resultan normales, los resultados de las pruebas serán igualmente registrados en la OFA.

La osteocondrosis seca es un problema que aparece en los perros jóvenes de rápido crecimiento de las razas más grandes. Puede producirse una degeneración, especialmente en las patas delanteras de los perros de gran alzada. Las áreas afectadas con más frecuencia son los hombros, los codos, los corvejones y las rodillas.

Los Rottweiler pueden padecer un problema coronario llamado «estenosis subaórtica», que también oscila entre medio y grave. Es un desorden congénito que provoca el estrechamiento de la aorta debido a un tejido cicatrizal, lo que restringe la circulación sanguínea y endurece el corazón. Los perros gravemente afectados pueden no mostrar síntomas y morir súbitamente. Se considera que el mal es hereditario; por eso,

los perros afectados o aquellos que se sabe que son portadores del gen no deben ser reproducidos.

Las enfermedades oculares incluyen el entropión (los párpados se enrollan hacia dentro) y el ectropión (se enrollan hacia fuera). Ambas condiciones son hereditarias y necesitan corrección quirúrgica. El Rottweiler también puede padecer otras enfermedades oculares hereditarias capaces de conducirle a la ceguera. Por eso, al igual que con las caderas y los codos, es necesario someter a análisis ocular a los perros que serán usados como reproductores. Si están libres de enfermedades, serán registrados en la Canine Eye Registration Foundation (Fundación del Ojo Canino, CERF). Esta institución atesora una amplia base de datos de todos los Rottweiler que han sido sometidos a análisis para detectar enfermedades en los ojos. He aquí una fuente esencial para criadores y compradores de mascotas.

Otros problemas incluyen el cáncer, que puede encontrarse en cualquier raza, el hipotiroidismo, la epilepsia y los problemas de piel. Usted debe estar al tanto de todo esto y preguntar al criador si ha sometido a análisis a sus perros. Si le dice que sí, pídale ver los certificados de salud nante pero los criadores responsables habrán sometido a análisis a su plantel, y hecho lo posible por eliminar de la raza estos problemas.

Insista en ver los documentos probatorios de la salud ortopédica de los progenitores del cachorro, antes de comprarlo. Luego siga las recomendaciones del criador y del veterinario sobre el tipo de ejercicio que no lo perjudica, pues como pertenece a una raza grande necesita cuidados especiales en su etapa de desarrollo.

con sus correspondientes registros. No acepte sólo su palabra si le dice que los padres del cachorro fueron examinados. La lista puede parecer impresio-

Las garantías de salud son importantes, por lo que un criador responsable le dará un contrato que garantiza al cachorro contra defectos congénitos. Tiene un término que va de seis meses a un año. Si se presenta un problema posiblemente le sustituya ese cachorro por otro o le devuelva parte del dinero.

Por último, usted podría considerar o no la esterilización de su Rottweiler, o puede que el criador lo requiera. El macho esterilizado es menos agresivo, menos propenso a levantar la

Como usted ama a su Rottweiler, desea compartir con él tantos años como sea posible. Muéstrele todo lo que él representa en su vida dedicando especial atención a su salud y proporcionándole cuidados veterinarios apropiados y sistemáticos.

pata en cada rincón de la casa y menos dado a montar a otros perros (o a su pierna). La hembra esterilizada no tendrá el celo semestral, con lo que se evitan esos difíciles momentos en casa y la visita de los perros del vecindario atraídos por su olor.

Al margen de los problemas potenciales que confronta, el Rottweiler es en general, una raza fuerte.

EL ROTTWEILER Y EL VETERINARIO

Resumen

■ Antes de recoger al cachorro, elija un veterinario calificado. Enseguida que lo traiga a casa, llévelo a la consulta para que le examinen.

■ En la primera visita, el veterinario le confirmará si el cachorro está sano y establecerá un programa de vacunación.

■ Analice con el veterinario el programa de vacunación mejor y más seguro.

■ Converse con el criador acerca de todos los problemas que son específicos de la raza y reciba pruebas de que los padres del cachorro están libres de ellos.

■ Todo lo relacionado con la esterilización, así como la manera de proteger a su Rottweiler de la timpanitis, son tópicos de salud que debe investigar y tratar con el veterinario.

El Rottweiler anciano

A medida que el perro envejece se va volviendo lento. No jugará tan fuerte o durante tanto tiempo como acostumbraba y dormirá más.

Encontrará un rayo de sol matutino bajo el cual tomar una larga siesta. Para entonces, usted probablemente le estará dando una comida canina concebida para perros ancianos, pero siga vigilando su peso, porque es más importante que nunca evitar la obesidad. Notará que el hocico se le torna gris y los ojos pueden mostrar opacidades, indicio de cataratas. A medida que envejece puede volverse artrítico.

Continúe con los paseos, pero que sean más cortos, y cuando parezca ponerse rígido, dele una aspirina infantil. Siga acicalándolo, porque ambos se sentirán mejor si él está limpio y huele bien. Revise la posible aparición de protuberancias y chichones y llévelo al veterinario si algo le preocupa. La incontinencia pue-

Muchos Rottweiler se mantienen activos y alertas en sus años seniles.

de convertirse en un problema en el caso de los perros viejos. Es agobiante para los dueños porque se hace más difícil mantener la casa limpia, pero no es que se vuelvan majaderos, es que su tono muscular está desapareciendo.

La atención veterinaria se ha modificado mucho en las dos últimas décadas, al igual que ha ocurrido con la humana. Actualmente, el veterinario puede hacer mucho para extender la vida de su perro si usted está dispuesto a gastar dinero en ello. Pero aunque puede prolongarle la vida, no puede devolverle la juventud. De modo que su principal preocupación debería ser ayudar a su mascota a vivir su vida cómodamente, por lo que existen medicamentos que pueden ayudarle a alcanzar este objetivo. En cualquier caso, intente colocar al perro, su bienestar y comodidad por delante de sus propias emociones, y haga lo que sea mejor para él. Mantenga las costumbres en todo lo posible pero comprenda que sus sentidos ya no son tan agudos como antes. Haga los

Cuando su Rottweiler sea mayor puede tener problemas para hacer ciertas cosas que antes hacía fácilmente, como subirse al coche, y necesitará de su ayuda.

Aunque es menos activo, el Rottweiler anciano se beneficia del ejercicio suave mientras disfruta del tiempo que comparte con su persona favorita.

El Rottweiler anciano

ajustes y concesiones necesarios para su viejo amigo y facilítele la vida tanto como sea posible. Sobre todo sea paciente con él y con los cambios que trae la vejez.

Cuando llegue el inevitable final, recuerde siempre los muchos años maravillosos que su mascota proporcionó a usted y su familia. Con ello en mente, puede que no pase mucho tiempo antes de que esté buscando un nuevo cachorro para casa. Y he aquí que todo vuelve a ser como el primer día, con otro simpático y alegre perro en sus manos, ¡listo para iniciar otros diez años de felicidad!

EL ROTTWEILER ANCIANO

Resumen

■ A medida que el perro envejece decrece su nivel de actividad.

■ Esté atento a la dieta y peso del perro anciano porque la obesidad es especialmente dañina en esta etapa.

■ El encanecimiento, los problemas oculares y la artritis son frecuentes en los perros viejos.

■ Conserve la rutina establecida con el Rottweiler para compensar los cambios que vienen con la edad.

■ Proporcione a su Rottweiler anciano la mejor atención veterinaria que pueda, así como los cuidados y el cariño que siempre le ha dado.